美容と経営

キャリアシフトで強くなる──
店長の仕事

BK Selection 2

Contents

はじめに ……………………………………………………………… 6

PART 1 本編 ……………………………………………………… 10

Chapter 1 "キャリアアップ"では店長は育たない!?
店長力アップのための新発想「キャリアシフト」……… 13

Chapter 2 リーダー教育はスタートダッシュが肝心!
アシスタント時代からの"店長〈前〉教育" ……………… 21

Chapter 3 時間は他人のために使え!
スタイリスト時代の"店長〈前〉教育" …………………… 29

Chapter 4 店長時代の能力開発
4つのステップをベースとする ………………………… 37
「コミュニケーション能力」の開発

Chapter 5 ケースで学ぶ店長育成
伸びる店長・伸ばす店長のコミュニケーション術 …… 47

Chapter 6 伸びる店長の「組織的視点」育成法 ……………………… 57

Chapter 7 伸びる店長の「想いを伝える」スキル開発 ……………… 65

Chapter 8 伸びる店長の「異常発見能力」開発 ……………………… 75

Chapter 9 伸びる店長の「お客様の変化に気づく」能力開発 …… 83

Chapter 10 伸びる店長に必要な
「"能動的"課題解決」の能力開発 …………………………… 91

Chapter 11	優秀なリーダーが育つ「未来へ向けられたモチベーション」を育む手法	99
Chapter 12	模範となる"実在モデル"を育てるための「常に考える」風土づくりのポイント	107
Chapter 13	「店長」から先の未来像をつくる店長自身のキャリアシフト	115
Chapter 14	キャリアシフトを実践するためのサロン風土づくり	123

PART 2 メソッド編 …… 130

Chapter 15	"店長力"を鍛える能力開発「育成プラン作成法」	133
Chapter 16	コミュニケーションを深め、お互いの気持ちに気づくための「スタッフ因数分解法」	141
Chapter 17	スーパー店長の「習慣化」事例に学ぶ、店長の役割とサロンの活性化	149
Chapter 18	スーパー店長の事例に学ぶ、ミーティング力をつけるためのメソッド	157
Chapter 19	繁盛サロンの店長育成実例に学ぶ、壁を超えさせるための「コピー法」と「工程分析法」	165
Chapter 20	付録 自分志向から店志向へ！キャリアシフトのための「評価制度づくり」	173

まとめとして …… 182

＜はじめに＞

　1990年から、私は経営コンサルタントとして初めて美容業界に携わり、延べ6,000人以上の美容師の方々と、1人につき1時間以上の対話を続けてきました。今では人も育ち、美容室の経営コンサルティングをチームで行っています。

　美容業界との関わりを通じて感じたことがあります。それは、何といっても、美容業界が本当に素晴らしい業界であるということ。お金のためだけではなく、仕事として情熱を傾けるだけの価値が、この業界には間違いなくあります。

　この業界ほど、仕事を通じて人を成長させてくれる職業はありません。私自身も、美容師の方々の、仕事への情熱や価値観、そしてその素晴らしい人柄に影響されてきました。

　美容師とは、人が人をキレイにする、輝かせる仕事です。お客様に最高の輝きを与える、それだけのために美容師は日夜、血のにじむような努力を続けています。寝る時間を惜しんでハサミを握り、技術を、そして自らを磨き続ける…。こうして、美容師自身もまた成長し、輝きを得ていくのです。

●

　私が美容業界に関わり始めた当初は、美容師とお客様との「1対1」の関係から生まれる顧客満足こそ、美容室経営のカギである——このように考えていました。まずは、お客様の前に出しても恥ずかしくないだけの技術を、スタッフがしっかり習得すること。そして、今度は、その技術レベルを高め、お客様に満足いただくこと。このように、個々の美容師が、それぞれ持っているお客様をいかに満足させるかが、美容室の経営のカギである、と思っていました。

　しかし、こうした「1対1」の関わり合いだけでは不十分だ、ということに気づいたのです。1人のお客様にどれだけ喜んでいただいても、他のお客様が不満足では、そのお店のファンは増えることはありません。店に来ていただいているすべてのお客様に喜んでいただくためには、美容師の個人プレーではなく、店全体を意識したチームプレーがカギとなります。

　美容室とは、あくまでも「チーム」です。美容師個人の視点から、店全体の視点、つまり"部分最適"ではなく、"全体最適"を考えた経営こそ、より多くのファンをつくるためには必要である…と考えるようになったのです。

　全体最適のカギを握るのは、言うまでもなく、現場リーダーである「店長」です。現場で人を動かし、店全体のお客様を満足させる…。いわば、全体最適の中心人物です。

　店長とは、単に「スタッフを動かす立場にある仕事」ではありません。

　店長は、先頭に立たなくてはなりません。

　店長は、スタッフを導くために、何かをしなければなりません。

　そして店長は、現場で発生するすべてのことにおいて責任を持たなくてはなりません。

　美容室は、人間が商品です。人間が、人間に施す仕事です。モノを扱っている商売とは違います。感情をもっている人間を通して成り立つ商売です。

人間は、部品とは違います。理屈ではなく、感情で動きます。だから、美容室の店長は、スタッフの感情をマネジメントできなければなりません。「この人が言うんだったらやってみよう」と、理屈抜きに人を動かすことができなければならないのです。

　だから、スタッフに持てる力を発揮してもらうには、スタッフの感情を理解しておく必要があります。チーム全体が一丸となっていい仕事をするには、人間の心理を理解しておく必要があります。

●

　スタッフの感情を考えることが大切、と聞いて、そんな話はもう聞き飽きた、と言われるかもしれません。

　そう、確かに聞き飽きた話です。しかし、それを忘れて、理屈でスタッフを動かそうとする店長が、何と多いことでしょう。

　スタッフの感情は、店全体の雰囲気によって左右されます。店長の発する言葉や仕草、ひいては仕事に対するスタンスが、店の雰囲気になります。モノから出る雰囲気ではなく、人間から醸し出される雰囲気です。こうした雰囲気が、スタッフの感情に影響を与え、理屈では説明できない、よい空気感となって店全体に広がっていきます。

　よい雰囲気づくりは、よい習慣づくりから生まれます。よい雰囲気のある店は、店長がよい習慣を絶えず実践しています。

　では、できる店長と、できない店長を分ける「習慣」には、どんな違いがあるのでしょうか？次ページに示した表は、よい習慣を実践しているあるサロンの店長と、そうでない店長を比較したものです。

●

　例えば、朝、出勤してきたスタッフ全員に、「おはよう」の他にプラスアルファの一言をかけてみましょう。テレビを見るときに、常に"ネタ帳"を手元に置いてみましょう。自分の言葉でスタッフに語りかけ、歩み寄ってみましょう。

　このようなよい習慣から、サロン全体によい雰囲気がもたらされます。うわべだけ、仕事だけの人間関係とは違う、温かくて前向きな雰囲気が、そこにはあります。このような雰囲気の中で働いているスタッフと店長の間には、信頼が生まれます。家族のような絆が生まれます。その雰囲気を醸し出すのは、他の誰でもなく、まさしく店長その人なのです。

●

　店は店長で99％決まる、といっても過言ではありません。サロンのクオリティは、スタッフの質以上によくなることはありませんが、店長が素晴らしければスタッフが育ち、サロン全体の質が上がっていきます。

　店長とは、経営者の分身です。経営者のかわりに、"ミニ経営者"として、サロンの方針をスタッフに正しく伝え、全員の力を1つの方向に向けて導く役割を担います。

　店長は、明確な自分の意思を持っています。自分の言葉で「こうしたい、こうやろう」と常にス

	できる店長	できない店長
起床〜出勤	早起きをして仕事前の心の準備	朝ギリギリで余裕のないまま出勤
出勤〜朝礼	スタッフ全員とコミュニケーション	時間がないのでコミュニケーションがとれない
サロンワーク	楽しんで仕事ができる またその楽しさを周りに伝染させる アシスタントに仕事を任せることができる → アシスタントに信頼される	仕事を楽しんでいない 不安だから仕事をアシスタントに任せずに全部自分でやる → アシスタントに信頼されない
終礼での一言	オーナーからいわれたことや自分の伝えたいことを自分の経験を交えて即実践できるように具体的に話すことができる → 他のスタッフの即実践に繋がる	オーナーからいわれたことをそのまま伝える 自分の言葉に翻訳していない → オーナーの意志は伝わらず、スタッフも働いてくれない
帰宅	メモをとりながらテレビを観る、本を読む ➡ 仕事で使えるネタ探し	漠然とテレビを見ている ➡ 何も気づきがない
プライベート	スタッフと遊ぶ ➡ コミュニケーション 映画を観に行って使える情報収集 街に出て仕事に使える情報収集	漠然と遊ぶ ➡ 気づきがない ➡ 仕事に活かされない

タッフに伝え続けています。店の方針を、店長がしっかり消化し、自分の言葉としてスタッフに伝えることで、スタッフの気持ちを共通の目標に向かって1つにします。

しかし、スタッフからの信頼が得られていない店長は、組織を束ねることができないばかりか、スタッフが店長のもとを離れていくようになります。

人間が商品のこの業界で、美容室経営の成功は、スタッフにすべてかかっているといっても過言ではありません。そのスタッフを活かせるかどうかのカギを握るのは、まさしく店長です。

店長が、自らの仕事をより実り多きものにするためには、スタッフを引きつけるだけのリーダーシップと人間的魅力を身につけておかなくてはならないのです。

このような「店長の重要性」という考えに至り、これから先の美容業界を担う、全国の店長そして店長予備軍のみなさんを応援したい…という思いから、この「応援本」は生まれました。

この本は、私自身がコンサルタントとして多くの店長に触れた中で、優秀な店長に共通する要素を、エッセンスとしてまとめたものです。

　ただし、せっかく手にとっていただいた方には、ひと通り読んで「いい話だった」で終わって欲しくないと思っています。ですから、これから店長になる方は、まず1章につき1つでもいいので、明日から実行することを決めてみてください。

　手帳に書くもよし。壁に貼るもよし。スタッフの前で宣言するもよし。何か1つを、まず1週間、徹底的に意識して実行してください。そして、1週間が終わったら、また1つ、実行することをプラスして、徐々に積み重ねていきます。

　このようにして1週間で1つずつ、確実に消化していってください。3か月経つ頃には、確実に周りに変化が見られるはずです。スタッフの表情が明るくなった。辞める人が減った。売り上げが増え始めた…。この本には、そのような変化の「きっかけ」となるノウハウがギッシリ詰まっていると、確信しています。

比護 太

MEMO

_____
_____
_____
_____
_____
_____
_____
_____
_____
_____
_____
_____

─ 本編 ─

第1章〜14章では、「キャリアシフト」という
新しい発想と、それに基づいた"店長〈前〉教育"や
店長時代の能力開発に関する
さまざまなノウハウについて解説していきます。

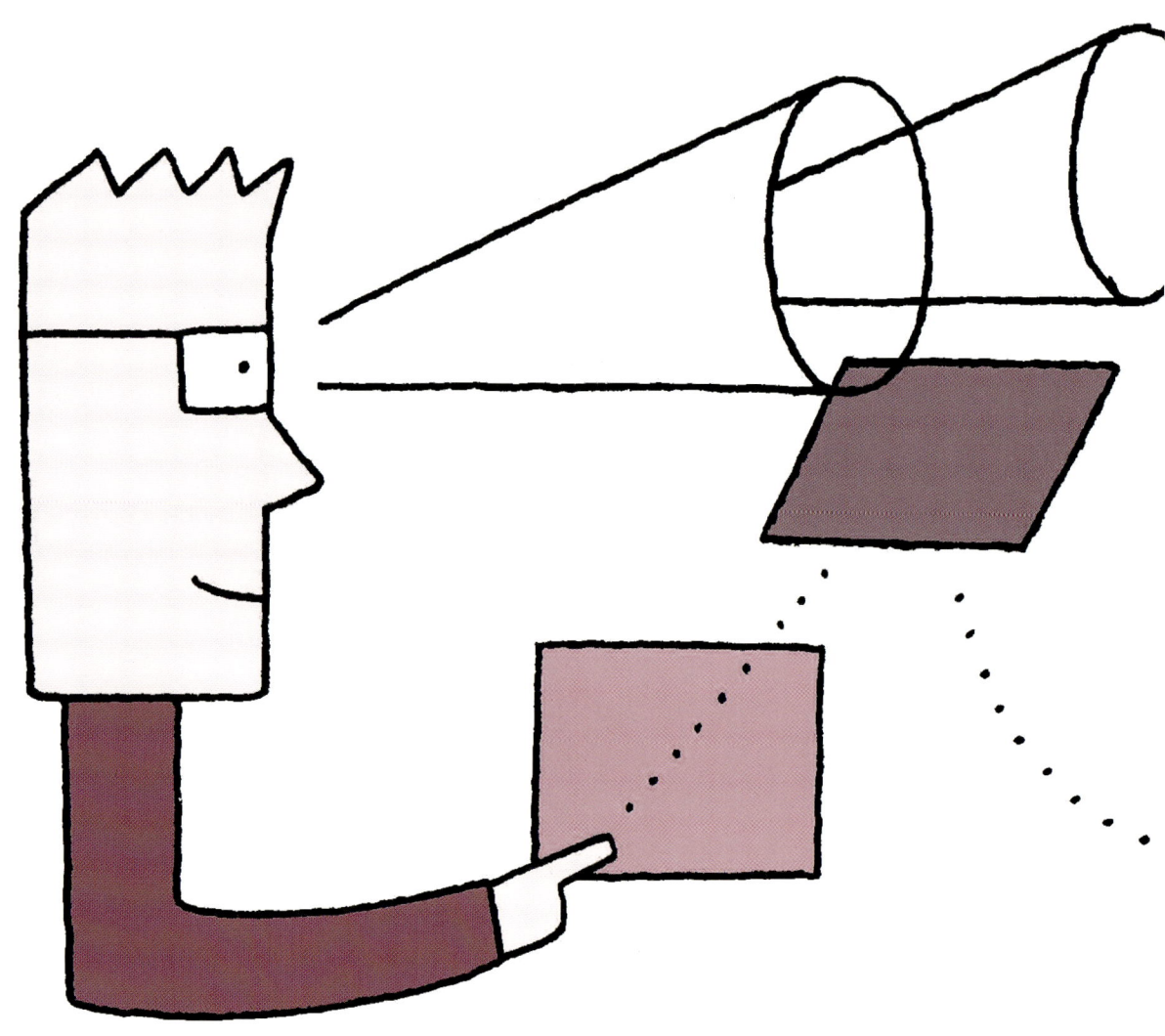

Chapter 1

"キャリアアップ"では店長は育たない!? 店長力アップのための新発想「キャリアシフト」

スタイリストが「個」としての技術力やデザイン力を、経験や努力によって"キャリアアップ"させることでお客様の支持を得ていくのとは異なり、店長に必要なのは、サロンを「組織的な視点」で分析したり、お店の「小さな異常」や「お客様の変化」に気づく能力など。それは、技術者としての"キャリアアップ"によって身につくのではなく、「他者のことを考えるスタンス」をベースとする"キャリアシフト"によって実現されていきます。

CAREER SHIFT

キャリアシフトで強くなる

chapter 1

「チームの時代」を左右する
店長の役割。
その力を養う発想が"キャリアシフト"

『スーパースタイリスト』になるには才能が必要。だが、『スーパー店長』には才能はいらない!?

　数多くのサロン経営をコンサルタントしていく中で、改めて痛感したのは、店長としてのマネジメント力の奥深さです。マネジメント能力は単に勉強してすぐ身につくものではありませんが、かといってすべてが先天的な才能によるものでもありません。これに対して、スーパースタイリストになるには、ある種の資質が必要といえます。イメージを形にすることのできる芸術的素養、お客様の気持ちに気づける感性の鋭さなど、スーパースタイリストと呼ばれる人たちは、一種の"才能"とも呼べるものを持っています。

　しかし、スタイリストとして非常に優秀だったので店長にしてみたら、スタッフの使い方がメチャクチャで、スタッフのモチベーションが急速にダウン。当然、売り上げも思ったように伸びない、という話もまたよく聞くところです。どうしてそのようなことが起こるのでしょう？

　本来、スタイリストとして優れた売り上げを伸ばしているということは、それだけお客様の支持も高い、つまりお客様の気持ちになれる素養は持っているはずです。ところが、お客様には向けられている「心のベクトル」が、スタッフには向けられていない。店長になった後でも、スタイリスト時代と変わらず、ひたすらお客様だけに偏って向いている。この「心のベクトルのシフトミス」が、名スタイリストが必ずしも名店長にはなり得ないという事実の根本原因です。

　スタイリストとは、「個」としての自らの技術を突き詰めていく、いわば個人プレイヤー。一方、店長に求められるのは、「個」としての自分ではなく「他者」、すなわち店のスタッフのことを考えるスタンスです。店長としての仕事は、この「他者のことを考えるスタンス」がベースにあったうえで初めて成り立ちます。この「他者を考えるスタンス」は、何も特別な才能ではありません。スタイリスト時代からの意識を変えることで十分身につけることができるものなのです。

　ただし、スタイリスト時代は自分のことだけを考えていて、店長になった途端、いきなりスタッフのことを考えて仕事をする、というのは無理があります。これを解決するにはスタイリスト時代、あるいはもっと早い時期、つまりアシスタントの頃から、店長という仕事に対する意識をしっかり培っておく必要があるでしょう。

　そのための前提条件として、店長というポ

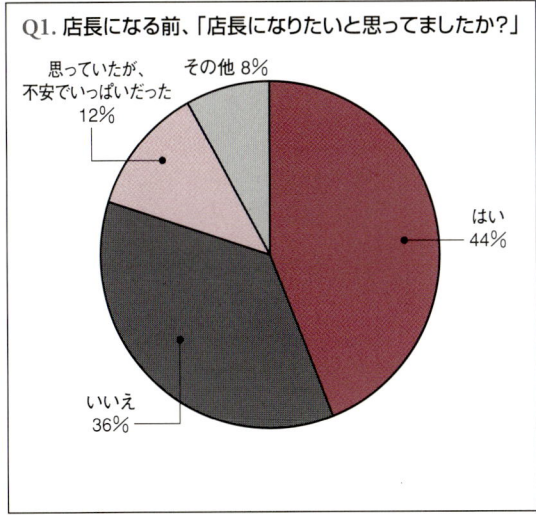

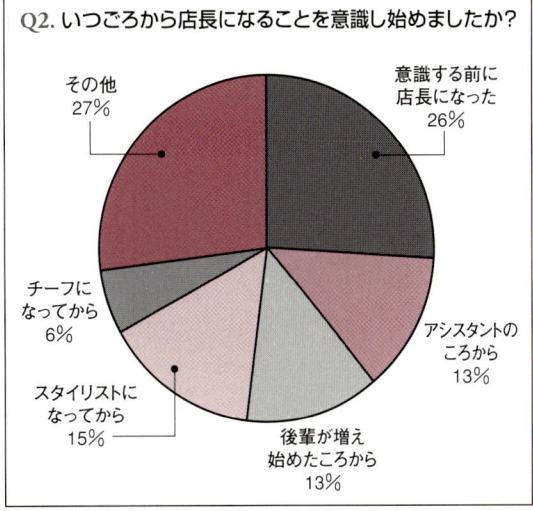

[その他]の回答
・先輩が独立したとき　・同期が店長になったときから
・そのときの店長の方針に疑問を持ち、「自分だったら」と考え始めたころから
・売り上げが伸びてきて全店で1位になり始めてから

ジションが魅力的であるという価値観がスタッフ全員に浸透していなければなりません。なるべく早い段階から「店長になりたい」と将来、自分が店長になったときの姿を毎日思い描くような、そんな意識をサロンとして醸成していく必要があるのです。

店長という仕事に対する意識の熟成は意外と遅い!?

では実際に、現在店長として活躍している方々は、いつごろから店長というポジションを意識し始め、また、現在どのようにして店長としての能力に磨きをかけているのでしょうか？　船井総研では、参考として50名の店長に「店長に対する5つの質問」と題する、店長意識に対するアンケート調査を行いました。

まず、最初の質問。現在、店長というポジションにいる人たちは、そもそも『店長になりたい』と思っていたのでしょうか？　この問いに対する結果は、【図1】の通りです。見ていただくとおわかりいただけるように、「はい」という答は全体の半分にも及びません。ただ、その一方で、「いいえ」という人も4割近くを占めています。サロンの要ともいえる重要な「店長」という任務について「やってみたいなんて考えてもいなかった」という層がこれほどの割合を占めていたというのは、ちょっと意外な気もします。

では、実際に店長という仕事を意識し始めたのは、いつごろからだったのでしょうか。これについては【図2】をご覧ください。店長のおよそ4人に1人が「意識する前に店長になった」と答えています。これに対して、アシスタント時代から店長になることを意識していたという"早熟"な人の割合は2割にも達しません。新人にとって「店長」という仕事は、必ずしも「憧れ」の対象とはいえない、という傾向があるのでしょうか…？

続いて、3つ目の質問として「どういうきっかけで店長になりましたか？」。これに対する回答は、【図3】をご覧ください。

「前の店長が退職したため」「店がリニュ

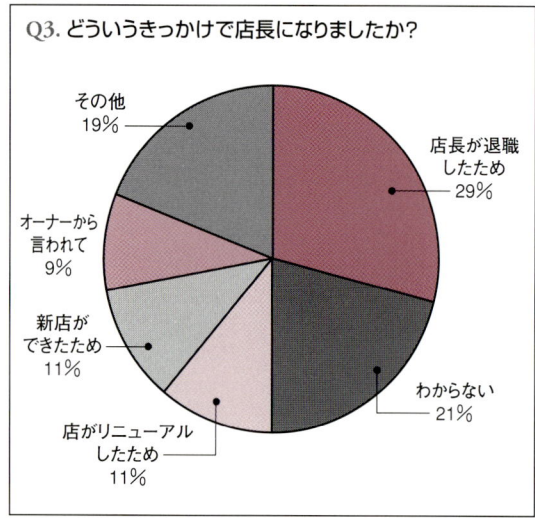

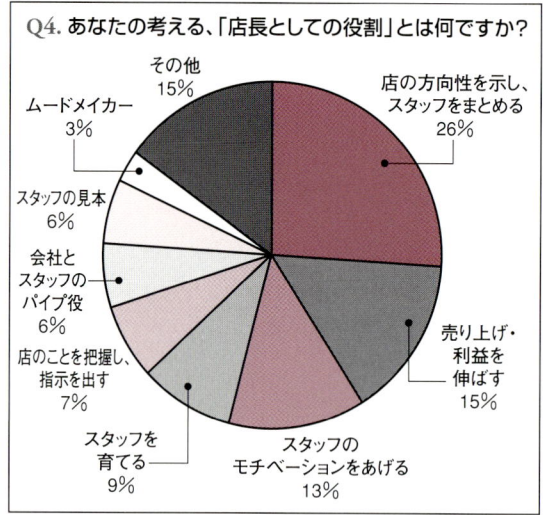

[その他]の回答
・船の船長みたいなもの　・夢を与える人　・ミニ経営者
・スタッフや店の変化に早く気づいて、どうすればいいか考えて、すぐ行動する
・個人のいいところを伸ばす　・スタッフと一緒になって考え、実行していく
・一歩先の行動　・継続させる習慣をつくる

ーアルしたため」「新店ができたため」など、本人の意志というよりもいわば"なりゆき"でなったケースが多いようですね。その点では「どんなきっかけで店長になったのかわからない」という微妙な回答が2割強というのも、決して無視できないポイントです。

では、こうして「店長」という仕事になった人は、どのように自分の役割を認識しているのか？　これについては非常に多岐にわたる意見が挙がりました(【図4】参照/重複回答あり)。「店としての方向性の提示」や「売り上げ・利益アップ」「スタッフのモチベーションアップ」など、店長として果たすべき役割についてはしっかり認識されているようです。

最後の質問は、「店長としての能力を高めるために、どんなことに取り組んでいますか？」(【図5】参照/重複回答あり)。これもさまざまな回答がありました。

本を読んだり、先輩や上司に相談したりなど、スタイリスト時代とは違った力を身につけるためにいろんなことに取り組まれているようです。ただ、いずれも個人が自主的に取り組んでいるものが中心であり、店長としてのマネジメント能力アップのために、店全体として教育を行っているサロンは、まだまだ少ないという傾向が垣間見えます。

以上、「店長に対する5つの質問」を通じて、現在のサロンにおいて表面化した課題が2つあるといえます。

1つは、早い段階から「店長になりたい」という意識の熟成——すなわち「店長前教育」——がいかになされていないか。もう1つは、店長になってからのマネジメントスキルに対する、店側としてのサポートの不足という点です。

この2つの課題を解決していくためには「キャリアアップ」ではなく「キャリアシフト」の発想を持たなくてはなりません。店長になるからといって慌ててマネジメントを学ばせても遅いのです。プレイヤー時代に、次のステージへの布石を打ち、キャリアをいきなり「アップ」

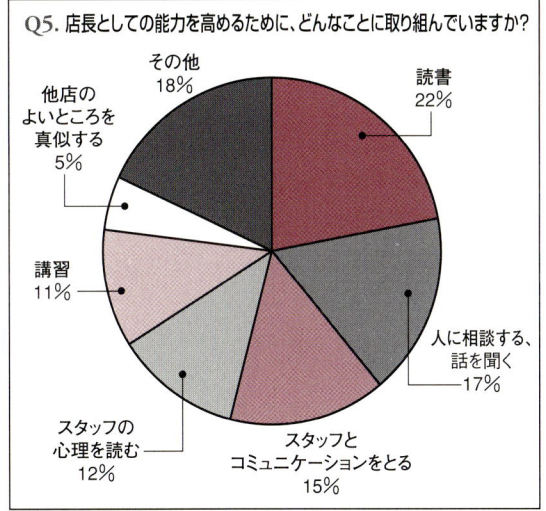

図5
Q5. 店長としての能力を高めるために、どんなことに取り組んでいますか？
- 読書 22%
- その他 18%
- 他店のよいところを真似する 5%
- 講習 11%
- スタッフの心理を読む 12%
- スタッフとコミュニケーションをとる 15%
- 人に相談する、話を聞く 17%

[その他]の回答
・新しいこと、楽しいことに取り組む　・店長としてよりスタイリストとしてを主に考えている
・技術を研究して下に伝える　・笑顔の意識　・常に学習、何からでも学ぶ
・能力開発に必要な資料を集める　・考えるよりもまず動いてみる

させるのではなく、少しずつ、現在の業務から次のステージへ向けて業務を「シフト」させるという考え方と手法がいるのです。

キャリアシフトへの移行に必要な4つの課題

では、「キャリアシフト」への移行に何が必要か、これがお伝えしたい最も重要なテーマなのですが、私たちは次の4つを考えています。
①店長前教育を行うための環境づくり
②店長としての時間活用術の定着
③店長を活かす評価制度
④スタッフとのコミュニケーション術の確立

4つの課題の詳細な内容や事例、具体的なアクションプランは次章以降でお伝えしていきますので、この章ではそれぞれについて簡単に触れておきます。

①店長前教育を行うための環境づくり

まずは「環境づくり」から。「キャリアシフト」の発想においては、優秀な店長をつくるための準備はすでにアシスタント時代から始まっています。アシスタントの時代から「自分は、ゆくゆくは店長になるんだ」という空気をつくる、まずこれが出発点です。

しかし、実際のところはどうでしょうか？「店長はものすごくがんばっていると思うが、自分はあんなふうにはなりたくない」というような、仕事自体は評価しているものの、目標にはしたくないという意見を耳にすることがあります。「仕事に自分の人生をあそこまでつぎ込みたくはない」「余裕がなさ過ぎて悲壮感すら感じる」…。要するに「店長という仕事はきつくて大変だからなりたくない」という意識の表れであり、こういうサロンが比較的多いのです。

あなたのサロンでは、店長という仕事はどう捉えられているでしょう？　憧れどころか、むしろ避けたい仕事として捉えられてはいませんか？

サロンとしては、「店長になりたい」「店長になってやっと一人前」というぐらいの空気が欲しい。こうした空気をどうやってつくっていくか、次回以降、他業界や美容室の事例も合わせながら、詳しくお伝えしていきます。

②店長としての時間活用術の定着

このテーマについてのポイントは「他のスタッフのためにどれだけ時間を割けるか」にあります。スタイリストの時代に自分のための時間と、他人のためにかける時間の比率

が9：1だったのを7：3ぐらいに、そして最終的には5：5ぐらいにしていくような、タイムマネジメントのあり方を変えるということです。

つまり、店長が部下のために時間を割くのは当たり前というような"文化"をどうやってつくり出すかがポイントになります。そのためには、会社としての意思をきちんと伝えること、そして、急に時間の配分を変えろ！　と言ってもそれは不可能ですから、店長になる前から少しずつ、「人のために時間を割く」ためのコツを身につけさせることが重要になります。

③店長を活かす評価制度

時間活用術でお話したことと少し重なりますが、名店長を生み出すキャリアシフトをサロンの中に定着させていくためには、会社としての意思を明確にスタッフに伝えることが必要。それも店長になってから伝えるのではなく、入社したときから「会社が店長に求めるものは何か」がきっちり伝わっていなくてはなりません。そして、その意思の伝え方の1つとして非常に重要な役割を持つのが評価制度です。

例えばスタッフを評価する際に、そのスタッフ個人の売り上げを基準としているサロンは多いはず。では、店長を評価する際にも同じように個人の売り上げのみを基準にしてしまうとどうでしょう？　本来、店全体の売り上げに対して責任を持つ店長が、個人としての売り上げに走り、他のスタッフのチャンスを減らしてしまいかねません。「個人ではなく店全体の売り上げを伸ばすこと」こそ店長の本分。それを評価制度にしっかり落とし込むことで、店長が自分の役割を認識するだけでなく、店長以下のスタッフも店長の仕事をきちんと意識することにつながるのです。この本で私たちが提唱するキャリアシフトにおいては、評価制度が極めて重要な意味合いを持ってくるのです。

④スタッフとのコミュニケーション術の確立

これまで多くの店長を見てきましたが、店長としてのスキルの中で、最もむずかしいのはこのテーマかもしれません。部下のスタッフとどのようにコミュニケーションを取るか、それもただ単にコミュニケーションを取るのではなく、サロンの業績に結びつくようなスタッフとの接し方について、きちんとした答を持っている店長やサロンは極めて少ないと思います。

スタッフに気軽に接し、面倒見のいい「優しい店長」が意外に業績を上げられないということはよくあることです。スタッフのモチベーションを上げるために、よいところを見つけ、伸ばしてあげることは必要ですが、店長としてはやさしさだけではダメ。時にはスタッフを叱れる厳しさを持っているかどうかがむしろ大切です。ただ実際には、優しくすることのできる店長は多いのですが、叱ることのできる人は少ないのです。

これまでと同様の話で、店長になって急に厳しい人になるのはむずかしいことです。サロンの中に「叱る文化」をつくっていく一方で、まず「叱るノウハウ」づくりも必要になってきます。

例えば面と向かって露骨に叱るのに抵抗がある人のために、日記やメールでスタッフと毎日意見交換をしたり、今後の課題などを指摘したりしながら、スタッフを注意、指示する代わりに自分で課題を認識させるように仕向けるような取り組みを重ねているサロンもあります。最初は間接的ながらも少しずつ「叱る」ノウハウを身につけていっているわけです。

このように厳しさとやさしさを併せ持ったコミュニケーション術をサロン全体としてどう確立するか。その具体的な内容は次章以降で解説いたしますが、これもキャリアシフトの中に組み込むべき極めて重要なテーマです。

「チームの時代」の戦略をどう考えるか？
店長のリーダーシップがサロンの成長を左右する

以上、ここまで優秀な店長を育てていくために必要な「キャリアシフト」を構成する重点ポイントについてお話させていただきました。何となくでも「キャリアアップ」から「キャリアシフト」への話はご理解いただけましたでしょうか？

現在は、「個からチームへ」という時流にあると考えています。特定の人気スタイリストが店を引っ張るのではなく、スタッフ全員でお客様をもてなし、また来店していただくために全力を尽くす。業績が伸びているサロンの多くは、こういう全員参加型のサロンであるといえます。

いわゆるチームワークの重要性がますます増してきている中で、店長がリーダーシップを持っているサロンなら、仮に1人のスタイリストが突然辞めても、店全体としていくらでもカバーできる、そんな時代になってきていると思います。その意味においても、店長のリーダーシップはサロンの成長を左右する大きなポイントなのです。

しかしながら、このリーダーシップは、スタッフとの関わりの中でいろいろなかたちをとります。今回実施した、店長に対するアンケートの中で、「あなたの考える店長の役割は？」という質問がありましたが、これに対する回答では、「店としての方向性を示し、みんなをまとめる」という"引っ張るタイプ"のリーダーシップが多く見られました。その一方で、「スタッフと一緒になって考える」といった"支えるタイプ"のリーダーシップも見られます。ときには、スタッフの悩みや愚痴を聞き、落ちこぼれそうなスタッフには立ち止まって手を差し伸べてあげる——これもまた店長としての「リーダーシップ」の1つなのかもしれません。

サロンを活かすも殺すも店長次第。昔からよく言われていることですが、最近ますますこの言葉が真実味を帯びてきていると思います。

MEMO

Chapter 2

リーダー教育はスタートダッシュが肝心！アシスタント時代からの"店長〈前〉教育"

この章では、アシスタント時代からの"店長〈前〉教育"に関して、私たちが提案している『マインドブック』の活用を中心にお伝えしていきます。『マインドブック』とは、経営者の過去の体験をベースとした「大切にしていること」「大切にしていきたいこと」を明文化した、スタッフにとっての"行動規範"です。

CAREER SHIFT

キャリアシフトで強くなる

アシスタント時代に必要なリーダー教育とは、考え方の土台をつくること

　前章では、「スーパースタイリストには才能が必要だが、スーパー店長に特別な才能はいらない」というテーマの下、「キャリアシフト」という考え方について解説しました。

　スタイリストとは、自らの技術を突き詰めていく「個」としての要素が強い仕事。これに対して、店長という仕事にとって大切なのは、「他者」のことを考えるスタンスです。この「他者」に対する考え方は、才能とは無関係であり、考え方さえ変えれば、誰でも優秀な店長になれる可能性を持っています。そのためには、プレイヤー時代からリーダーまたはマネジャーという次のステージを意識して、業務をシフトさせていく「キャリアシフト」の考え方が必要だということを解説しました。

　しかしながら、実際のリーダー教育は、店長になる直前、あるいは店長になってから、というサロンが大半です。前章で紹介した『店長意識に対するアンケート調査』では、「店長という仕事なんて、なってみるまで考えたこともなかった」という意見も多く見られました。普段店長としての役割なんて考えたこともないから、いざ店長になったときに"なりたて店長"は、当然、右往左往します。そういう姿を見て、スタッフは「店長って大変だな。できれば避けたい仕事だ」となってしまう…。

　このように、店長というポジションへの憧れがサロンに根づいておらず、むしろ「きつくて大変だからなりたくない。私は今のままでいい」というネガティブな考え方がサロン内に蔓延していたら、次のリーダーの芽が育たなくなってしまいます。

　したがって、できるだけ早い段階、つまりアシスタント時代から「リーダーになりたい」という意識を培っておく必要があります。

　ただし、スタッフのキャリアによって、経験値や仕事の内容も当然異なります。どんなリーダー教育を行うべきかについては、スタッフのキャリアステージに応じたものでなければなりません。まず、アシスタント時代に必要なリーダー教育とは、考え方の土台をつくること。すなわち、リーダーになることが目標となるような意識づくりが重要な時期です。そして、スタイリストになってからは別の要素が加わります。このステージでは、「個＝自分」へ向かいがちな意識のベクトルを、いかに「他＝スタッフ」へ向けさせるか、というシフトチェンジのきっかけを与えていくことが必要な時期だといえます。

　そこでまずこの章では、「店長〈前〉教育」につ

chapter 2

マインドブック とは

『マインドブック』とは、経営者の過去の体験をベースとした「大切にしていること」「大切にしていきたいこと」を明文化したもので、内容は本来、各サロンで独自に作成していくものです。

この、スタッフに解説するための"考え方の方向性"を示していくツールは、言い換えれば"考え方のマニュアル"。「美容師として成功するために、こういう考え方をベースにして欲しい」という、組織の一員として働く美容師としての"行動規範"とも言えるものです。

私たちが提案している『マインドブック』の主な内容は、以下の通りです。

---

1. はじめに
2. 毎日を楽しく生きるために
   この1日を楽しく
   昨日より今日、今日より明日
   いろんなことに興味を持とう
   チャレンジ精神を持とう
3. MIND OF OUR SALON
   〜私たちの考え方
   「仕事」ってなんだろう
   プラス発想で考えよう
   長所伸展法
   天職発想
4. CAREER PLANNING
   〜自分のキャリアを積むために
   なりたい自分を描こう
   思いは実現する
   潜在能力
   目標を達成させるコツ
5. BRUSH UP MIND
   〜自分を磨く心構え
   ビューティークリエイター
   仕事を通じてのBRUSH UP
   「お店」について
   「商品」について
   材料について
   「お客様」について

「仲間」について
   あなたにとって仲間とは?
   チームワークと助け合い
「お給料」について
「美容師」について
6. STEP UP GUIDE
   〜成長の道しるべ
   夢実現のためのステップアッププラン
   挨拶（あいさつ）
   身だしなみ
   言葉づかい
   健康管理
   「時間」について
   基本技術のマスター
   報・連・相
   $1:1.6:1.6^2$
   一番主義
   商品（メニュー、店販）を理解する
   ホスピタリティ
   チームワーク
   クレームや要望について
   個別対応への第一歩
   モデルとしての意識を持つ
   後輩の育成
   GIVE & GIVEの精神

内容の役割としては、1〜2章が導入部で、ハードルを敢えて低くし、みんなに興味を持ってもらえるように工夫している部分。3章は「考え方の原則」、4章は「キャリアを積むために必要な考え方」の解説、5章は「目指すべき方向性の提示」、6章が「ステップアップするための考え方」の基礎編です。

あくまでも、この『マインドブック』の位置づけは考え方のマニュアルであって、具体的な方法論を説いているわけではありません。むしろ、考え方の「核」の部分を提示しているもので、これを読んだ本人が、自分の考えと違う部分をピックアップし、「なぜ、違和感を持ったのか」をレポートさせることで、改めてその部分を見つめ直すことにつなげていくものです。言うならば、これは"店長にとっての武器"。朝礼で読んだり、ミーティングの際に使ったり。あるいは、悩んでいるスタッフに渡して読ませたり…といった使い方が効果的です。

要するに、『マインドブック』とはスタッフを束ね、正しい方向へ指導していくための"問題部分"の発見を目的の1つにしたものです。

chapter 2

いてのファーストステップとして、アシスタント時代からリーダーというポジションを意識させるための土台づくりをテーマに解説します。

「店長タイプ」でないスタッフにもリーダー教育が必要な理由とは？

先日、あるサロンオーナーの方から、こんな相談を受けました。

「今の店長が今月いっぱいで退職することになりました。そこで今いるスタッフの中から次期店長を選ぶことになったのですが、店長として適任といえる人材が見当たらないのです。何人かのスタイリストと面談もしたのですが、返って来る答は『私には荷が重過ぎる』とか、『私なんかじゃなく他にもいい人がいる』とか、店長という仕事を負担としてしか捉えていないようで、どうもピンとくる候補がいないんですよ」

この相談のようなケースは、実はここ最近、驚くほど増えてきています。店長として適任といえるスタッフがいない、しかし店長不在というわけにもいかない。そこであえて「店長向き」の性格のスタッフに新店長を任せてはみたものの、なかなか下が育たない…。

このようなケースに陥ってしまうのは、先ほど触れた「早い段階からのリーダー教育がなされていない」ということに加えて、もう1つ根本的な理由があります。それは「限られた層にしかリーダー教育がなされていない」という点です。ご相談いただいたオーナーに詳しくお伺いしてみると、やはり「店長になりたい」という意識づけが、全スタッフに対して幅広くなされていないようでした。

店長として適任がいない場合でも、店長として選ばれるのは、最終的には「店長タイプ」といえるようなスタッフ。例えば、「売り上げがよいから」「明るくてみんなから慕われているから」「話が上手だから」「オーナーの考えをそれなりに理解しているから」…。もちろん、これらをすべて満たしているスタッフは稀で、たいていどれか1つでも該当すればいい、というのが現実です。そして、リーダー教育を受けるのは、たいていこの「店長タイプ」の層だけに限られているのが実態です。

ところが、限られた「店長タイプ」の層のみに対するリーダー教育では、十分とはいえません。店長という仕事が全員の目標や憧れとなるためには、やはり全員に対する意識づけが必要となってくるのです。

「そうはいっても、店長に向いてないスタッフもいるし…」という声もあるでしょう。しかし、店長という仕事が果たして全員に務まるかどうかは、ここでは問題ではありません。大切なのは、サロンとしての価値観づくりです。すべてのスタッフが、店長という仕事の意義、リーダーシップの奥深さを理解し、「いつかは自分も店長になるんだ」という思いを抱いてもらうこと。それがひいてはサロン全体の価値観となります。サロンの価値観とは、いわば芽を育てる土壌のようなもの。この土壌

があってはじめて、次世代へ向けて多くの芽が実際に育っていくことになるのです。

さらに、特定のスタッフだけに偏ったリーダー教育には、ある落とし穴があります。それは、そのスタッフがいなくなったときにどうするか、というリスクです。「これぞ次の店長候補」といえるようなリーダー向きのスタッフが、いざ店長をまかせようというときにサロンを辞めてしまったら…。もし、全員に「店長になりたい」という価値観が浸透していて、店長を目指すスタッフが多ければ、新店を出店するときにオーナーが「店長候補がいない」と頭を悩ますことも少なくなるはず。店長候補の芽を絶やさないという面からも、リーダー教育はできるだけ「広くあまねく」行うべきであるといえます。

「リーダーになりたい！」という意識を育むための『マインドブック』

では、スタッフ全員がリーダーというポジションを意識した土壌をつくるためには、具体的にどのような取り組みを行っていけばよいのでしょうか。

まずは、入社してすぐの時期であることが肝心です。この時期に、仕事におけるリーダーシップの重要性を意識させること。入社のときの仕事に対するスタンスが、本人のその後のキャリアを決定づけるといっても過言ではありません。入社したばかりのタイミングで、サロンが何を大切にしているか、またこの先どのようにしてキャリアを積み重ねていくことが成功パターンといえるのか、徹底して「刷り込み」を行うのです。

特に、社歴が浅いスタッフによく見られるのは、目の前のことに精一杯で、サロンでこの先やりたいことがあるメンバーが少ないという点。また、アシスタントの「すぐ先のモデル」が不在になりがちという点などについても、多くのサロンオーナーが悩みの種とされています。

そこで、入社してすぐの段階で、この先どうキャリアを積んでいくべきかを鮮明に見せるために、私たちは『マインドブック』を活用した価値観の浸透を提案しています。『マインドブック』とは、サロンの価値観や美容師という仕事の意義、さらに今後歩んでほしいステップなど、サロンが大切にしていることを記した「心得帳」のこと。仕事を通じて、美容師としても人間としてもステップアップしていくための、サロンの"柱"を明文化した小冊子です。

この『マインドブック』では、入社したばかりの新人がまず目指してほしいステージとして「アシスタントリーダー」を掲げます。アシスタントリーダーというステージでは、アシスタントが美容師人生において初めて、他のスタッフに指示を与えたり、教えたりする立場になります。このステージを転機として、アシスタントは、自分の行動で周りが変わるということを実感することになります。つまり、

自分だけではなく他が見えるようになる、最初のきっかけになるのです。

アシスタントリーダーというポジションは、リーダーシップを学ぶのに絶好の機会。この時期をどう過ごすかが今後の美容師人生を大きく左右する、ということを『マインドブック』の中で明文化し、リーダーの理想像を折に触れてアシスタントたちに伝えていくことで、「アシスタントリーダーってカッコイイ！」という意識を培うのです。このステージを最初の目標にしてもらうことが、リーダー教育の第一歩であり、その延長線上に「店長」というステージが見えてくる。これが、未来の店長を育む土壌づくりとなるのです。

サロンの価値観を浸透させる
マインドブック活用法

さて、ここで忘れてはならないことがもう1つあります。「リーダー意識」がどれだけ旺盛であっても、サロンと同じ方向を向いていないリーダーは、あまり優秀なリーダーとはいえません。優れたリーダーとは、オーナーの考え、サロンの目指す方向性を理解し、それを後輩たちに伝えていくことのできる、いわば"伝道師"。将来、店長としてそのような役割を担ってもらうには、やはり入社してすぐの時点で、サロンとしての価値観をしっかり理解してもらうことが、リーダー教育には欠かせないことなのです。

サロンとしての柱ともいえる価値観。これを浸透させるのが、『マインドブック』のもう1つの役割といえます。もちろん、『マインドブック』をただ渡すだけではなく、オーナーの肉声でも伝える必要があります。どうしてこのサロンをつくろうと思ったか。創業のときに抱いていたのはどんな思いだったか。現在に至るまでにどんな苦労があったか。仕事をするうえで、大切にしなければならないことは何か。将来、どんなサロンをつくっていきたいか…。これらを伝え続け、サロンの価値観を全員で共有化していく。自分が働いているサロンへの誇りと、帰属意識をあらためて抱いてもらうのです。

「リーダーを目標とすること」と「サロンの価値観の理解」は、アシスタント時代に培うべきリーダー意識の両輪になります。どちらが欠けても、優れたリーダーとして育つことはありません。したがって、『マインドブック』を手渡しただけでよしとするのではなく、それをどのように活用し、サロンで働くスタッフすべてに浸透させていくかというプロセスづくりが大変重要です。例えば、『マインドブック』の活用法として一例を挙げましょう。

1. ミーティングでスタッフ全員に配布し、オーナーから説明
2. 各自まずは一読し、感想文を提出。その後、『マインドブック』と自分の過去の考え方との違いをレポートとして出してもらう。単なる"感想文"で終わってしまっては、その場だけの適当な意見となる可

能性があります。しかし、自分自身の経験や考えに基づいたレポートを書いてもらうことで、それまで考えていたこととの違いに気づきを与え、また、『マインドブック』の内容についてどれぐらい真剣に考えているかということもわかります

3. 店長・幹部を集めた勉強会
4. 店舗ごとの勉強会…例／『マインドブック』の感想、一つひとつのテーマについて議論、朝礼や終礼・ミーティングなどで、日常的に活用する
5. 全体ミーティングでの活用…例／判断に困った事例や迷い悩んだ事例など、社歴の浅い人を中心に発表してもらい、解決策を話し合う
6. 『マインドブック』に描かれている人材像をもとに、採用面接時の指針とする
7. スタッフ各人のキャリアアップ時に、個別面談のチェックシートとして活用する

●

『マインドブック』は、スタッフにとって、自分が働くサロンやリーダーシップについて考える1つのきっかけにすぎません。決して1度で終わるのではなく、『マインドブック』の各章ごとに考える機会を設け、必ずオーナーや先輩からフィードバックしながらリーダーシップについての理解を深めていくようにします。こうした繰り返しの中で、きっと新しい発見が得られます。その発見を各スタッフがさらにアウトプットしていけるような場や環境を用意してあげなければなりません。例えば、日常のミーティングや朝礼・終礼はもちろん、勉強会やサロンの創立記念日など、機会を捉えてサロンの思いを伝え、スタッフからの意見を拾う場を用意することが不可欠です。

『マインドブック』は、あくまでも"紙"に過ぎません。大切なのは、日々サロン現場で発生する事象に対して、どのように対応するべきか、またそれはなぜかを、オーナーや先輩が機会を捉えてアドバイスしてあげること。『マインドブック』をサブツールとして使いつつ、現場のリアルな事象にどのように対応するかを学びながら、サロンとしての価値観を身につけていき、リーダーが育つ土壌をつくり上げていくことが本当の目的です。

身体でリーダーシップを理解するための"プロジェクト別"アシスタントミーティング

『マインドブック』は文字通り"心"の面でのリーダー教育ですが、リーダーシップを身につけるには、実際に"身体"で実感してもらうことが必要です。ただし、アシスタントリーダーになるまでにはまだまだ時間もかかるし、また全員をアシスタントリーダーにするわけにもいきません。そこで、できるだけ多くのアシスタントにリーダーシップを身につけてもらう場として提案しているのが「アシスタントミーティング」です。

具体的には、「カラープロジェクト」「パーマプロジェクト」など、アシスタントのみ2〜3人で構成されるいくつかの"プロジェクトチーム"をつくります。そして、それぞれのプロジェク

chapter 2

ト別に月間のテーマを決め、テーマに沿った具体的な研究や取り組みを行っていきます。

例えば、「カラープロジェクトチーム」が「スピードアップ」というテーマを掲げた場合を想定しましょう。このテーマを実践するために、どんな練習を行ったらよいかを、「カラープロジェクトチーム」のメンバーでミーティングをします。そのミーティングで話し合った結果、「塗布時間のタイムトライアル」が実行項目として決定。これを毎週実施し、その成果を朝礼で発表する…というように、アシスタントだけで何かを決めて実行させる、という経験を積ませるのです。

各プロジェクトチームには、それぞれ"リーダー"役を決め、推進していくことになります。これは、リーダーシップを学ぶうえで非常に有益です。リーダー役のアシスタントは、自分の働きかけ次第で、メンバーの動きが変わる、ひいてはお客様の反応が変わるということを初めて経験することになります。リーダーとして、メンバーの能力を引き出し、やる気にさせるためには、また、お客様に喜んでいただくには、どうすればよいか──。それを考える過程で、いろんな工夫が生まれてきます。目標を紙に書いてバックルームに貼ったり、お客様からの反応をメンバーにフィードバックしたり…そこでまたメンバーの動きが変わる。こうして、リーダー役のスタッフは、自分が周りに与える影響力というものを考えるようになるのです。

こうした"プチ"リーダー経験が、将来アシスタントリーダーとなったとき、さらには店長となったときの礎となることは言うまでもありません。アシスタント時代は、リーダーという立場とは一見縁のなさそうな時期でもあります。だからなおさら、サロンとしてはリーダーという立場を積極的に用意して、経験を積ませ、身体でリーダーシップを会得していってもらう働きかけが必要になってくるのです。

「個」から「全体」へ意識をシフトさせる

以上、アシスタント時代のリーダー教育について解説しましたが、いかがでしたか？「アシスタント時代からリーダー教育について学ばせるなんて、まだ早いのでは…」という疑問もあるかもしれません。しかし、この章で提唱したいのは、ともすれば「個」としてのスタンスに偏りがちなこの時代に、「全体」を見渡すことのできるスタンスを持っているかどうかで、本人のその後のキャリアも、ひいてはサロンの風土さえも決まってくるということです。実際、私たちの調査でも、優秀な店長はアシスタント時代、スーパーアシスタントとして「全体」を観ることを経験しているケースが多く見られます。いつかは自分も店長になることを意識して、アシスタント時代から「全体」を観ることを実践する。アシスタントの中にそんなムードをつくっていくことこそ、将来優秀なリーダーが育つための土壌そのものといえるでしょう。

Chapter 3

時間は他人のために使え！スタイリスト時代の"店長〈前〉教育"

自身の技術を追求する"スペシャリスト"という性格が強いことから、どうしても「個」へ向かいがちなスタイリストの意識のベクトル。しかし、この時代から自分のことだけでなく、周りのスタッフのことを意識する実践経験を積んでおくことによって、店長へのスムーズな"キャリアシフト"ができるようになります。

CAREER SHIFT

chapter 3

「個」から「店」レベルへの業務の意識転換。それが店長〈前〉教育のポイント

　前の章では「アシスタント時代からの店長〈前〉教育」というテーマで、リーダーが育つための土壌づくりについて解説しました。

　近年の「店長候補不足」ともいえるような状況に陥ってしまう原因は、どこにあるのでしょうか？　1つは、リーダーというポジションに対する意識、憧れがサロンに根付いていないこと。さらに、普段のサロンワークの中でリーダーシップを経験できる場が少ない、といったことが挙げられます。

　店長候補の芽を育てるには、早い段階からリーダー意識を持たせ、経験させてあげることです。つまり、入店したてのアシスタント時代から、「リーダーになりたい」という憧れを抱いてもらい、リーダーシップを体験できる機会をできるだけ多くのスタッフに与えていくのです。そのためのメソッドとして前章では『マインドブック』の活用や"プロジェクト別"のアシスタントミーティングの導入などを解説しました。「個=自分」としてのスタンスに偏りがちなアシスタント時代に、「全体」を見渡すことのできるリーダー意識を培っておくことが、本人のその後のキャリアを決定する要因となる、ということがお伝えしたかったことです。

　さて、アシスタント時代がリーダー意識づくりの時期であったのに対し、スタイリストになってからは別の要素が加わります。スタイリスト時代は「個」へ向かいがちな意識のベクトルを、「全体」へ向けさせるための実践の場を与えていく時期です。特に、スタイリストとは、個としての技術を追求するスペシャリスト。自らの技術を提供して、お客様が喜ぶ姿を、目の前で反応として得られることが、この仕事の楽しさでもあります。

　しかし、そのような楽しさだけをモチベーションとすることは、リーダーシップを学ぶうえでは思わぬ足かせになることがあります。もちろん、自分の技術でお客様に喜んでいただこうという強い思いを持つことは大切です。しかしながら、その思いがともすれば「自分のお客様だけを大切にしていればいい」「自分の仕事だけをしっかりこなしていればいい」というエゴイスティックな方向に行ってしまうとなると、それは考えもの。スペシャリストとして自らの腕を磨こうとするあまり、周りのスタッフが見えなくなってしまうケースです。こういう自己中心的なスタイリストが、店長になったとたん、いきなりスタッフのことを考えて仕事をする、というのは無理があ

ります。スタイリストの頃から他のスタッフのことを意識し、実践経験を積んでおくことが、後々、店長へのスムーズな「キャリアシフト」をもたらすのです。

「時間は他人のために使え！」と念仏のように言われ続けた1年間

　以前、あるサロンを訪問した際に、店長のＴさんとスタッフ育成についてお話しする機会がありました。スタイリスト時代のＴさんはまさにスペシャリスト街道一直線。3店舗あるサロンの中でも、個人売り上げは常にトップクラスを保っていましたが、当時は自分の売り上げをつくることに夢中で、後輩の育成などには当初はまったく無関心でした。

　そんなＴさんは、何をきっかけに店長という仕事に"開眼"したのでしょうか？　以下は、Ｔさんの話です。

「スタイリストの頃は、とにかく自分の数字を上げることに夢中でした。お客様の指名が増えてきて、売り上げもトップになって、バックルームの個人売り上げのグラフを見るたびに、どこまで伸ばしてやろうかということばかり考えたように思います。

　ただ、確かにそのときは他のスタッフに仕事を渡すことには、正直、抵抗を感じていました。ワインディングなどを後輩に任せると、どうしても時間がかかってしまうし…。そうなると、もう自分でやったほうが早い。だから、あの当時はもう全部自分で仕事を囲ってしまって、他の人に任せないようにしていました。それが、ある日オーナーと2人で話をしたとき、1年後に新店を出すという話を聞き、『次の店長はキミでいこうと思っている』と…。そこで社長から言われたのが、『もう、スタイリストは卒業だ。これからキミは新店店長として、仕事のやり方を変えていかなきゃいけない。だから僕もキミに対して求めることをこれまでと変えていこうと思う。キミに求めるのは、自分の売り上げだけじゃなくて他人の売り上げまでつくり出せるかどうかだ。キミの役割は、売り上げをつくり出せる人を育てることだ。今日からキミの時間は、自分のためじゃなくて、後輩を育てることに使ってほしい』。

　確かにそれ以降、オーナーの要求は変わりました。僕がお客様に入っているときでも、『見ている後輩に手本を示すことを意識して、お客様と会話しなさい』という注意を後で受けたり、売り上げについても、新店に連れていくスタッフの売り上げが伸びていないと、僕がプレッシャーをかけられるわけです。

　あまりに言われるということもあって、営業終了後の後輩の練習に、遅くまで付き合うようにしました。オーナーにはそれこそ念仏のように『時間は自分のために使うな、他人のために使え』と言われ続けたせいか、少しずつ自分の仕事を後輩に渡すようになっていきました。

　後輩の売り上げがその後ブレイクするまでにはちょっと時間を要しましたが、最も大き

かった変化は後輩とのコミュニケーションですね。以前は後輩にはあまりこちらから声をかけることはなかったんですが、それが今は僕のほうから意識して声をかけるようにしています。その理由ですか？ やっぱり、店長という仕事をオーナーに言われて、リアルに意識するようになったからでしょうか」

リーダーとしての必要条件と十分条件

　Tさんが任された新店は、オープン2年目に入り、現在、月間平均売り上げは約800万円。Tさんの下で150万スタイリストも2人育ち、まさに順調そのものです。

　さて、Tさんの話には、Tさん自身がリーダーとして適任だったといえる点があります。それは『スタイリストとしての売り上げがトップだった』ということ。個人の売り上げは、明確な数字で表されるため、誰にとっても共通のモノサシとして見ることができます。Tさんが他の誰よりも売り上げを伸ばしていたということは、誰が見ても納得がいくものです。ただし、リーダーになるための"必要条件"としては、必ずしも「トップ」である必要はありません。肝心なのは、「多くのお客様に支持されている」と他のスタッフが納得できる実績を上げているかどうか、ということです。リーダーとは、スタッフのモデルにならなければならない存在。したがって、他のスタッフから見て『なぜ、あの人が店長をやっているんだろう？』と思われるような実績

か残せていなかったら、とてもスタッフのモデルにはなれませんよね。

　リーダーを決める際には、この"必要条件"を満たしていることが大前提となりますが、もちろん「売り上げがトップクラスである」というだけでは十分とはいえません。この他に満たしておくべき要件としては、以下のようなものがあります。

【リーダーとしての十分条件】
① スタッフからの人望がある
② 個人レベルでなく、店全体の業績をアップしていける
③ リーダーというポジションに対して憧れを抱いている
④ サロンの価値観を理解している

以上、4つの"十分条件"を初めから満たしている人はほんの一握りでしょう。これらの"十分条件"は、リーダーになる前のスタイリスト時代を通じて、少しずつ身につけていくよう、サロンとしてバックアップしてあげる必要があります。
　では、どのようにしてこれらを身につけていったらいいのでしょうか？　これらを1つずつ見ていきましょう。

「個」のレベルから「店」レベルへの業務範囲のシフト

　先ほど例に挙げたTさんは、後輩との接し方を変えることで、①の「スタッフからの人望」を獲得していきました。それまでに比べて後輩のためにより多くの時間を使うことで、「あの人は自分のために時間を割いてくれている」と、後輩がTさんに対して"借り"を感じるようになったのです。
　このような、後輩の面倒見役としての役割を、私たちは「チーフ」というポジションで位置づけています。「チーフ」とは、リーダーからみればまだフォローが必要だが、若いスタッフからみればリーダー的役割を果たす、いわばリーダーと若いスタッフの中間に立つ人材のことです。「チーフ」のポジションに位置するスタッフは、リーダーと若いスタッフとの潤滑油として、リーダーのサポートを行う一方で、若いスタッフの指導を行い、リーダーシップを培っていく、未来のリーダーといえます。
　Tさんがスタイリスト時代に果たした役割は、まさにこの「チーフ」です。後輩に自分の仕事を渡していく、夜遅くまで練習に付き合う、技術的なアドバイスを行う、これから流行しそうなヘアスタイルについて語る、個人的な相談に乗ってあげる…多くの時間を後輩のために使うことで、師弟関係が育まれます。その結果、後輩から慕われ、信頼されるリーダーへと「キャリアシフト」することができたのです。
　時間を他人のために使うことは、②の「個人レベルではなく、店全体の業績アップ」にまで大きな影響を与えます。Tさんのケースでは、特にオーナーが一貫して「自分の売り上げだけでなく、他人の売り上げまでつくること」をTさんに求めました。自らの仕事の成果を出すと同時に、後輩の能力を引き出し、伸ばし、開花させることが、近い将来店長となるTさんの重要な役割と考えたのです。
　もともと、Tさんは数字意識の高いスタイリストでしたが、自分の数字さえ達成していればよいというそれまでのTさんの業務姿勢に対して、オーナーがハッキリと軌道修正を促しています。その結果、Tさんの行動が変化し、後に続くスタイリストが育つようになり、店全体としての業績もアップするという結果をもたらしています。
　こうした店レベルでの取り組みをさらに推進するために、特定の時期にチーフクラスの

スタッフが「目標宣言」を行っているサロンもあります。例えば「新規客のリピート率〇％」といった具体的な数値目標と、「これを実現するために、新規客に対してはこんな内容のダイレクトメールを送ります」といった実施内容を全スタッフの前で宣言させる。つまり、仕事と数字を一致させるということを、自らが中心となって推進してもらうのです。

　スタイリストというのは、それまでのアシスタント時代と異なり、数字を覚えていくステージに当たります。それを個人レベルで終わらせず、店全体での数字というレベルで目標化し、それに近づくように他のスタッフをコントロールしていく経験を積ませます。現時点の数値と、目標までのギャップを書いた紙を、毎日バックルームに貼ったりすることで、スタッフの意識を高めていく工夫なども必要となるでしょう。自分が起こした行動で周りが変わり、それが数字となって返って来る——。こうした経験を積むことで、リーダーにとって必要な目標管理能力と実行力を高めていくのです。

リーダーというポジションに「値打ち」をつける

　③の「リーダーというポジションに対する憧れ」を醸成することに関しては、前章で『マインドブック』というツールの活用についても触れましたが、「リーダーになりたい」という意識を常にかきたてるような取り組みをサロンで行っていく必要があります。先ほどのTさんの例でも、店長という仕事をリアルに意識するようになってから変化があった、と触れています。特に、スタイリストになることを目標としてきたスタッフは、いったんスタイリストになってしまうと、スタイリストとしての仕事の楽しさに満足してしまい、「私はこのままでいいんです」「店長になってもお給料は〇万円増えるだけでしょ？　だったらこのままのほうが気楽だし…」と現状維持の肯定に陥ってしまうケースも見られます。その原因は、スタイリストのすぐ先の目標がないためです。「店長は、自分にとってハードルが高すぎる、だったら今のままでいいや…」と安きに流れないように、スタイリストと店長の間の目標が必要です。そこで、スタイリストにとっての次の目標を「チーフ」として設定するのです。

　もちろん「チーフ」というポジションを設けただけでは意味がありません。そのポジションが魅力的なものであるという"値打ちづけ"が必要です。例えば、あるサロンでは、店長およびチーフについては全スタッフの前で「任命式」を行っています。そこでは、オーナーがチーフという職務を任命し、任命されたスタッフは自らの所信表明を述べる、というような、いわば看護婦の「戴帽式」に当たるようなもの。このような場を通じて、「任命式を経験してはじめて一人前の美容師」という価値観をスタッフ全員で共有し、チーフというポジションがスタイリストにとっての目標と

なるような働きかけを行っています。

　また、別のサロンでは、店長およびチーフのみを集めて行われる、年に1回の「特別店長会議」を海外で実施。リーダーの仲間入りをすることで得られる特別感を、こうした取り組みを通じてサロンに浸透させている例もあります。

サロンの価値観について理解を深める

　最後に、④のサロンの価値観に対する理解」は、前章でも『マインドブック』を用いた浸透・定着について述べました。個人の集まりであるサロンをリーダーがまとめるに当たって、個人がそれぞれ好き勝手に自分の業務をしていては、サロンとしての結束力が意味を成しません。したがって、リーダーはスタッフに対して、組織として一体化して力を発揮できるよう、サロンとしての価値観を明確に示しておく必要があります。同じ価値観を全員が共有し、統一された動きをして初めて、サロンは集団としての力を発揮することができるのです。そのためには、普段の業務の中でオーナーや先輩が、折に触れてその背景にある情報やエピソードを伝え続けていくことです。「店名の由来は何か？」「なぜうちのサロンではお客様と握手を交わすのか？」「なぜトイレにあの標語が飾ってあるのか？」など、サロンとしての考え方を反映した行動やアイテムを、サロン現場の中に取り入れ、それを通じて語る機会をつくり続

chapter 3

けていくことです。サロンの価値観や理念に共感し、サロンと同じ方向を向いているリーダーを伝道師として、さらに次世代のリーダーが育っていくのです。

●

　以上、スタイリスト時代の店長教育について解説しました。

　本文中のTさんの例にもあったように、スタイリスト時代のリーダー教育の真髄は、他人のために使う時間を徐々に増やしていくことにあります。「自分のための時間：他人のための時間」が初めの時点で9：1だったとしたら、それを8：2に、そして最終的には7：3ぐらいまで、少しずつ変えてみてください。自分が起こした行動で、周りが変わるという実感が得られるはずです。それは、きっと将来店長となるときに、大きな自信となることでしょう。

Chapter 4

店長時代の能力開発
4つのステップをベースとする
「コミュニケーション能力」の開発

この章では、「全体志向」にシフトした店長に求められるスキルの1つである、「コミュニケーション能力」について、その開発方法を「アイスブレイキング」⇒「感情移入の傾聴」⇒「解決策の相談・提案」⇒「行動への後押し」という4つのステップを軸にしながら解説し、能力育成の具体的な方法としての「ロールプレイング法」をご紹介します。

chapter 4

店長に不可欠の重要な能力。
それは「コミュニケーション能力」

　前の章では、スタイリストの時代に個人（自分）志向から全体(店)志向へとキャリアをシフトすることについて解説しました。店長に「店長の仕事って何ですか？」と聞いたら、ほとんどの方から"部下育成"や"店全体の売り上げアップ"という答が返ってきます。決して"自分の個人売り上げアップ"という答は返ってきません。

店長の「コミュニケーション能力」開発とは

　この章では店長の能力でも最も重要なものの1つである「スタッフとのコミュニケーション能力」をどのようにして育成していくかについて解説します。

　まず、【図1】をご覧いただきたいのですが、これは店長育成プログラムの1つ、「コミュニケーション能力開発プログラム」のケーススタディです。

　サロンではよくある話ですよね。このようなケーススタディを用いて能力開発を行っていきます。これは、スタイリストになる前にモデルカットをするのと同じことです。店長の能力習得のために、ケーススタディを用いて行うのです。

　さて、このような相談を受けたら、みなさんはどのような対応をされますか？

①**先輩も忙しいから仕方ないわね**
②**何、言ってんの。先輩も人間よ。あなただってカンペキじゃないでしょ。わかってあげなきゃダメじゃない**
③**そう。私もアシスタントのときに同じようなことあったわ。でも私の場合は、周りの人が助けてくれたので頑張れたわ**
④**よくある話よね。私にも同じようなことがあったわ。みんな乗り越えていったことだから、Aさんもがんばりましょうね**
⑤**そう。それは、つらいよね。後でうまく○○さん(先輩)には私のほうから言っておくわ**

　さあ、みなさんはどのようにアドバイスしていますか？　実は上記はすべて、万全な返答とはいえないのです。

①の場合

　Aさんにしてみれば、そもそもアドバイスになっていません。また「店長は先輩の味方。自分のことなんてわかろうともしてくれない」と思われてしまいがち。ひいては「このサロンに自分の存在価値がない」と思うかもしれません。

図1 状況設定：美容師を辞めようかどうか悩んでいる

あなたは美容学校を卒業して今の美容室に就職し、1年が過ぎようとしています。入社当時は右も左もわからなくて、怒られてばかりでしたが、今ではアシスタントの仕事にも慣れ、怒られることもあまりなくなりました。お客様からの受けもよく、接客業は向いていると自分でも思います。

でも最近何となくこの仕事を辞めようかとも考えています。辞めて他にしたいことがあるわけでもないけど、練習ばかりでしんどいし、休みも友達と合わないし…。でもみんな一所懸命頑張っているのに、自分だけ「しんどいから辞めたい」なんて言えません。

そんな時にお店で行った販促企画が大当たりして、お客様が一気に増えました。お店としては喜ばしいことですが、一気にお客様が増えたため先輩スタイリストも大変そう。自分もお客様や先輩のために一所懸命フォローしようと頑張っているのですが、先輩はイライラしているせいか、少しのミスでもすぐに怒ってしまいます。初めはあなたも我慢していたのですが、もともとモチベーションが下がっていたためについに怒りが爆発！先輩からの理不尽な扱いに耐えられないことを理由に、店長に「辞めたい」と話すことを決心しました。

②の場合
この答は、ある意味正しいといえます。しかし、いきなり「あなたはこうよ！」とズバリ言われて、受け入れることができる人って実際には少ないもの。せっかくよいアドバイスも相手に届かないともったいないですよね。

③の場合
思いやりのある返答なのでよさそうにも見えます。

④の場合
答の内容は正しいといえます。しかし、このままでは先輩が悪者になってしまいますよね。

⑤の場合
Aさんは、きっとこの返答を言われれば、嬉しいでしょう。しかし、本当にAさんの悩みを解決したことになるのでしょうか。先輩も確かによくないこともあるので是正させることは必要ですが、Aさんにもアドバイスしないといけないことがあったはず。

絶対に憶えておきたいコミュニケーションステップ

詳しくは次ページの【図2】をご覧ください。コミュニケーションには踏んでおきたい4つのステップがあります。それが①「アイスブレイキング」⇒②「感情移入の傾聴」⇒③「解決策の相談・提案」⇒④「行動への後押し」です。特にスタッフからの相談を受けた場合、この4つのステップを踏むことが重要になります。ここでは4つのステップに分けていますが、実践ではこれを2つの段階に分けて行うことになるでしょう。

1つは「アイスブレイキング・心の扉を開く」と「感情移入の傾聴」。もう1つは「解決策の相談・提案」と「行動への後押し」です。

第1段階：「アイスブレイキング・心の扉を開く」「感情移入の傾聴」

このステップでは「自分は味方という姿勢」を取り続けることが重要です。相手がこちら

chapter 4

図2

アイスブレイキング・心の扉を開く	感情移入の傾聴	解決策の相談・提案	行動への後押し

店長に置き換えた場合

アイスブレイキング・心の扉を開く	感情移入の傾聴	解決策の相談・提案	行動への後押し
自分の素直な思いを話す ▼ 自分の昔の体験談を話す ▼ 最近感動したことを話す ▼ 自分とメンバーの共通点について話す ▼ 自分が相手の味方である姿勢を示す	相手の見地に立つ ▼ 相手の立場からも見ようと務める ▼ 相手が見ている世界を見ようとする ▼ 相手の気持ちを感じ取ろうとしている ▼ 評価しようとする ▼ 探ろうとする	相手の利益をまず考える ▼ 親見法 ▼ 相手が真に成長する視点を持つ ▼ 理想論だけをぶつけない ▼ すぐできることを探す ▼ 相手の成長が自分の喜びと伝える	自分の可能性を信じさせる ▼ 行動できたときの喜びをイメージさせる ▼ 相手の成長が周囲によい影響を与えることを伝える ▼ 本気で相手のことを考えていることを伝える

に心の扉を開けるかどうかは、こちらの姿勢を見て判断しています。例えば、先ほどのよくあるケース①②のような返答だと、相手は「この人はこちらのことをわかろうともしてくれない」と"心の扉"を閉じてしまいます。心の扉を閉じれば、何を言っても無駄です。だからこそ、まずは"心の扉"を開くことが大切なのです。

●心の扉を開く❶──「昔の同じような体験談を話す」

　店長自身や相談相手が憧れているスタッフが「同じ経験をした」と聞かされると、心の扉が開いてきます。

　例えば、先ほどのケーススタディのような場合なら「そうか、私もAさんと同じくらいの頃に、そんな風に思っていたなぁ」や「Aさんが憧れているあの▲▲さんも、2年前に同じような相談をしてきたのよ」などとなります。

　このように「自分や他の先輩スタッフたちも同じような経験をしている」という事実を知ることで、"自分だけの"特別ケースではなく、"みんなが歩んだ"よくあるケースに変わり、心の扉が開いていくようです。

●心の扉を開く❷──「相手が見ている世界を見ようとする」

【図2】の「感情移入の傾聴」の中にある「相手が見ている世界を見ようとする」ことが特に大切です。例えばAさんは辞める理由を先輩のせいにしています。ともすれば「○○先

輩はちょっとミスしたぐらいで、あんなに強く怒らなくてもいいと思うんですけど」なんて言いがち。

　たいていの場合、相談役の店長なら「Aさんも悪いんじゃないの？　だってそんな大事なミスをしているんだから…」、「昔はもっとよくあった話よ。それぐらいで怒っていちゃダメじゃない」や「他人のせいにするのは、どうかと思うわ」という気持ちが、話を聞いている最中に芽生えてくるでしょう。そこで先ほどのケース②のような返答を最初にすると、相手は心の扉を閉ざしてしまいます。ここでは「そうなの？　その言い方はつらいよね」などと伝えましょう。Aさんの視点に立てば、先輩から怒られることは辛いはず。ましてや本人は自分が悪いなんてことは頭にないはずですので、相手がどんな気持ちになっているのかを感じ取って、相手の目線に立って話をすることが大切になります。

●心の扉を開く❸──「存在価値を認識させる」

　美容師を志すスタッフならその多くが、お客様から「ありがとう」などと褒められることに、"うれしさ"を感じるはず。そこに仕事のやりがいを感じる方が多いのも事実です。このケースでは「あの○○さんって、私のお客様。あなたのことをすっごく褒めていたよ。『いつもシャンプーを一所懸命してくれて、とっても気持ちいいの。Aさんがスタイリストになったら、ごめんね。私、あの子を指名するわ』っておっしゃってたわよ」など、お客様の声を通して、Aさんに"認められている感"を伝えることが重要です。

　時間と労力のかかることですが、このように相手の心の扉を開くことがコミュニケーションにおいては重要です。しかしながら、特に長い経験を積んだ店長の中には、相手の相談を聞いているうちに「何が問題でどうすればよいのか？」をわかってしまう方もいらっしゃいます。ですから、経験を積めば積むほど、ついついこの心の扉を開くステップを無視してしまいがちになるのです。むしろまだ経験の浅い"なりたて店長"のほうが、親身に聞いて心の扉を開いているケースもあるようです。

第2段階：「解決策の相談・提案」「行動への後押し」

　先ほどの第1段階で心の扉を開いたら、第2段階では相談相手が悩んでいることに対して解決策を提案し、行動に移させていきます。ここで重要なポイントは課題抽出能力とアンカリングです。

●課題抽出能力

　スタッフは相談を持ちかけても悩みの源泉を素直に話してくることは、お互いの信頼関係がかなり出来上がっていないと、なかなかむずかしいこと。ほとんどの場合は、あたかも他の理由を悩みの源泉に仕立てて相談

chapter 4

持ちかけてくるようです。

　例えば冒頭のケーススタディであれば、「もう辞めようと思うんです。だって私は頑張っているのに、忙しくなると〇〇さんって、すぐに私を怒るんです」といった具合に相談してくる場合が大半です。

　しかし、本当にこのスタッフは美容師を辞めようと思っているでしょうか？　本文から推測する限り、このスタッフの悩みの源泉は「仕事にちょっと疲れただけ」と推測されます。ただ、それを素直に言えないので、先輩の厳しさをその源泉に置き換えて訴えているのでしょう。

　つまり、このケーススタディのポイントとして押さえておかないといけないことは、

①　本当は辞めたいと思っていない
②　誰もが通る壁にぶち当たっているだけである(そんな大げさなことではない)

――ということを見抜くことが重要になってきます。だから「美容師自体を辞めたいと思っているの？」や「先輩が厳しいから辞めたいと思っているの？」と聞くと「いいえ。それもあるのですが、練習練習で自分の時間を持てないのが…」という答が返ってきます。そしてここで初めて「**美容人生の中で最初にぶち当たる壁よね。**私にもあったわ。スタイリストの〇〇さんだって、あの▲▲さんだって…。みんな、Ａさんと同じようなことで悩ん

だわ。でも、みんな乗り越えてきたの。Ａさんが美容師になろうとしたときのことを思い出してみて。その目標をここで失っていいの？　多分、他のサロンに行っても、また同じことを繰り返すわよ。みんな美容師になっていくために、理不尽なことや**しんどい事から逃げずに立ち向かっていったのよ。**そういうのを乗り越えることによって一回りずつ大きくなるのよ。Ａさんもこれを乗り切れば絶対に一回り大きくなっているから。今は信じられないかもしれないけど、ここまで頑張ってきたんだからこそ、この壁を乗り越えてみない？　Ａさんならできると信じてるわ。一緒に頑張ろう」と、今の壁を乗り越えた際に得られるものの大きさを伝え、かつ自分なら乗り越えることができると信じさせてあげることが有効な提案の1つでしょう。

　そして「はい、頑張ります。挑戦してみます」とＡさんが言った後に、理由に使われた先輩の件にもシッカリと対応しておいたほうがよいでしょう。課題提案の段階でＡさんは心の扉をこちらに開いています。つまり、もうこちらの意見を聞く準備が出来ているのです。そこでいうアドバイスは「Ａさん。今日相談を受けた中で1つだけ言っていい？　Ａさんは忙しい時の〇〇先輩の対応がイヤだって言ってたじゃない？　本当に〇〇さんだけの責任だけなのかしら？」「Ａさんは〇〇さんを完璧に思ってない？　**Ａさん自身は完璧？**　もしＡさんが自分の至らないと思って

| ロールプレイングチェック表 | 相手氏名（　　　　　　　　　　） |

	項目	チェック
アイスブレイキング （相手の心を開く）	1. 自分の素直な思いを話している	
	2. 自分の昔の失敗談を話している	
	3. 最近感動した話を話している	
	4. 自分と相手の共通点を話している	
	5. 「あなたを守る」という姿勢を示す	
感情移入の傾聴	6. 相手の立場から物事を眺めようとしている	
	7. 相手が見ている世界を見ようとしている	
	8. 相手の気持ちを感じ取ろうとしている	
	9. 評価しようとしていない	
	10. 探ろうとしていない	
	11. 助言しようとしていない	
	12. 解釈しようとしていない	
	13. あいづちを打っている	
	14. おうむがえしをしている	
	15. 話の中身を自分の言葉に置き換えている	
	16. 相手の感情を反映しようとしている	
	17. 注意して聞こうとしている	
	18. 感情移入して聞こうとしている	
	19. 誠意を持って聞いている	
合計		

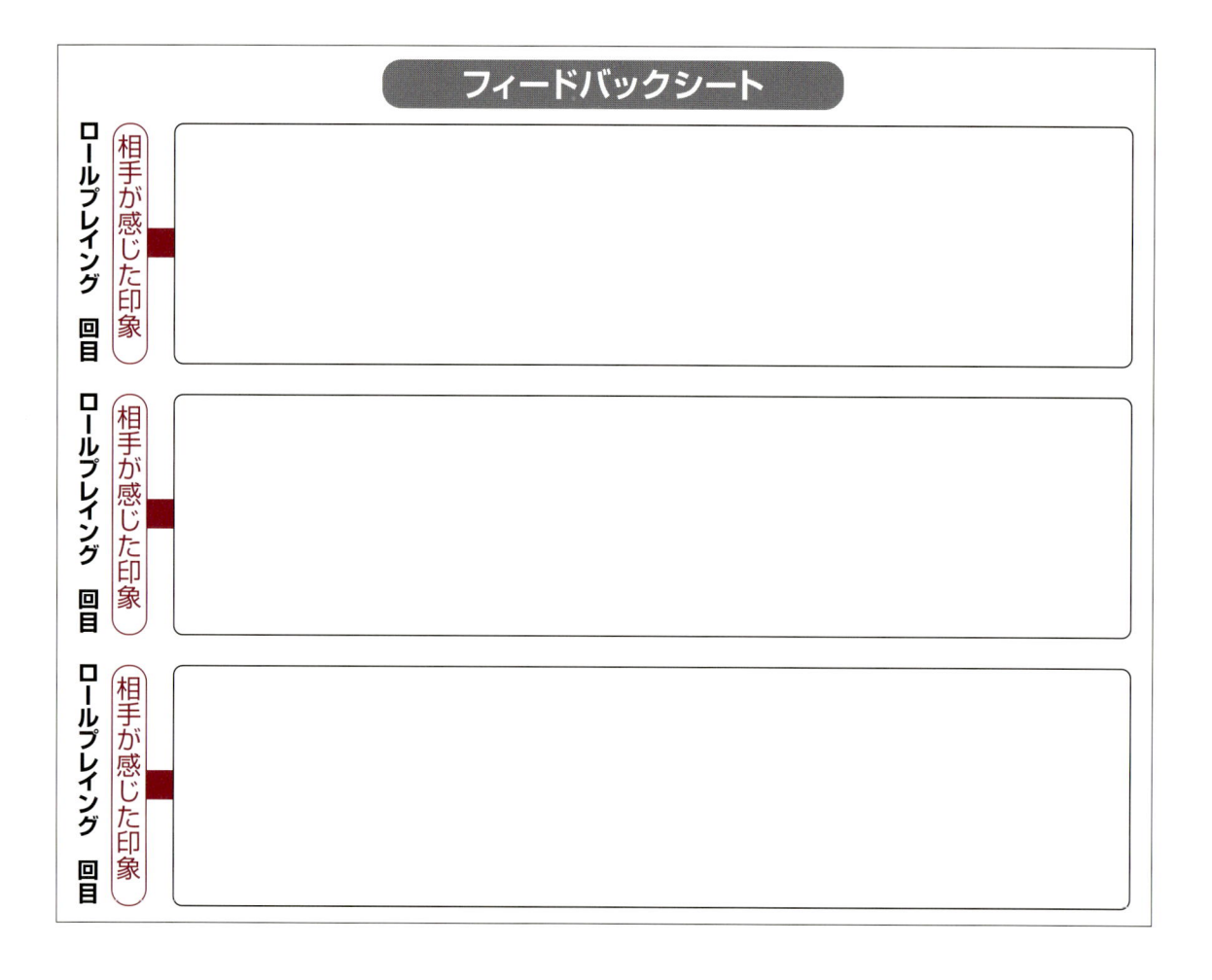

フィードバックシート

ロールプレイング　　回目 ― 相手が感じた印象

ロールプレイング　　回目 ― 相手が感じた印象

ロールプレイング　　回目 ― 相手が感じた印象

いるところを責められたらどう思う？」と、Aさんの先輩に対する捉え方を変えておく必要があります。

以上のようなアドバイスの中で最も大事なことは、相手の心にアンカリングする内容を盛り込むことです。

●アンカリング

アンカリングとは、元々船のアンカー（錨）が語源となっています。船は水の上を漂っているので何もしないとどこかへ流れてしまいます。そこで、アンカー（錨）を降ろすことで、特定の場所に留まることができるようになります。それが転じて"気持ちを引きつける""まとめる"という意味に使われています。

実は相談に対してのアドバイスも同じで、相手の気持ちにアンカーを降ろすことができなければ、相談者の気持ちは変わらないでしょう。ですから、相談者の気持ちにアンカリングすることでようやく悩みを解決する提案を行うことができるのです。

例えば、先ほどのアドバイスの中では、「美容師人生の中で最初にぶち当たる壁」という言葉や、「逃げずに、挑戦していこうよ」から「Aさん自身は完璧？」という言葉がそれに当たります。

以上、スタッフから受けた相談に対応するためには【図2】のステップを踏まなければならな

いことや、そのポイントをお伝えしてきました。
　このコミュニケーションの能力開発を私たちはロールプレイング形式で行っています。

コミュニケーション能力育成
ロールプレイング法
①ケーススタディを2人1組になって、相談役と店長役を決めます。そして相談役の人は、そのスタッフをイメージしてなりきっていただきます
②ロールプレイングを実施した後に、チェック表に記入していただきます
③チェック表とフィードバックシートをもとに、相談役の人は店長役の人にどう感じたのかフィードバックして、どこがよくてどこが悪かったのかを伝えていきます

　いろいろなケーススタディを使って何回も繰り返すことが、コミュニケーション能力を開発する有効な方法なのです。
　カットを習得するとき、何度も何度もモデルカットを行うように、コミュニケーション能力開発においても、何度も何度もロールプレイングを行うことが大切なのです。
　1度みなさんのサロンで試してみてはいかがでしょうか？

MEMO

Chapter 5

ケースで学ぶ店長育成
伸びる店長・伸ばす店長のコミュニケーション術

「全体志向」にキャリアをシフトさせた店長にとって不可欠な「コミュニケーション能力」。この章では、その能力を現場で磨いている店長の具体的なケースを解説しながら、実際的なコミュニケーション能力の開発について整理していきます。

CAREER SHIFT

キャリアシフトで強くなる

chapter 5

優秀な店長になるポイントは「憧れの存在になる」「スタッフ自らが考える環境をつくる」の2つ

　前の章では店長の『コミュニケーション能力』開発についてお話しました。具体的にはコミュニケーションの4つのステップとして捉え、「アイスブレイキング」⇒「感情移入の傾聴」⇒「解決策の相談・提案」⇒「行動への後押し」という流れで行うということ。

　それを受けてこの章では、もっと具体的に事例を挙げて、実際にサロンでのスタッフコミュニケーションが、サロン現場でどのように実践されているのかを解説していきます。

店長の与えるサロン経営への影響

　会社の経営はトップで99％決まると言われています。サロンの経営も店長（リーダー）で99％決まると言えるでしょう。その事例として、今回は大阪府高槻市にある『HAIR TIME WEST』の店長、山本さんにお話を伺いました。

　山本さんは現在にいたるまで、13年のキャリアを積んでいます。アシスタントやスタイリストの時代の存在感はどちらかというと、あまり目立たないタイプ。でも、持ち前の「明るい」という点は全面に出ている人でした。そんな彼女は「今できることは笑顔で接すること」と自分自身にいつも言いきかせながら、仕事をしていました。また上司からのどんな指示に対しても絶対に「ノー」と言わないことがみんなから評価されていました。

　そんな山本さんが店長になる以前は、サロン（「WEST」店）の業績はあまり思わしくありませんでした。しかし、山本さんが店長をする前と今の売り上げを比較すると、売り上げは約20％アップしています。では、何が業績アップの要因となり得たのでしょうか。

スタッフ間での透明度の高いコミュニケーション

　店長のリーダーシップの取り方には2通りのパターンがあります。「トップダウン式」と「ボトムアップ式」です。

　トップダウンとは店長自らが企画してスタッフに実行させるという、上から下への仕事の流れのことを言います。

　ボトムアップとは店長がスタッフからなるべく意見汲み取って、現場の合意を得ながら仕事を進めていくことを言います。

　それぞれのメリット、デメリットを挙げると、トップダウン式の店長のメリットはトップの意思決定のスピードが早くなるということです。デメリットは部下の意見をあまり汲み取らな

いので、周りがイエスマンばかりになる恐れがあります。そうすると間違えた意思決定のときにそれを指摘してくれる部下がいなくなります。こうしたことは経営をするうえで非常に危険なことです。

　一方、ボトムアップ式の店長の場合は部下の意見が重視されます。ですから部下が主体的に考えた意見を、トップに提案できるということがメリットと言えます。デメリットは部下の意見を汲み取ってからトップの承認をえるまでに時間が掛かってしまうことです。

　山本さんが店長になる前の『HAIR TIME WEST』は、トップダウンかボトムアップのどちらの傾向にあったのでしょうか…。

　どちらかと言うと、トップダウン式の傾向があったと言えます。部下が上の者に対して意見を言えない環境なのはトップダウン式と言えます。

　ここで注意していただきたいのが、トップダウンの環境が悪いということではありません。ときにはトップダウン式の進め方も必要です。部下が主体的に考え動くことができない場合、トップダウンは非常に効力を発揮します。また、スタッフの意見がバラバラのサロンにまとまりをつけるとき、トップダウンは非常に重要です。以前の店長は、サロンを統率していくということについては優れた面を持っており、山本さんはそのような部分も大変尊敬しています。

　このサロンの場合、売り上げが低迷していた大きな理由の1つとして挙げられるのがスタッフ間での不平、不満を店長に言うことができなかったことです。店長に意見を言いにくい環境が常態化してしまうと、アシスタントやスタイリストの人は「どうせ自分で考えて意見を言っても意味がない」と思い始めます。そうすると自分で意見を言うということがなくなります。意見を言うことがなくなると、人は楽しくなくなります。楽しくスタッフが仕事をしていないところにお客様が来ると思うでしょうか…。

　このような風土を変えるために山本店長はトップダウンをボトムアップに変えていったのです。なるべく部下の意見が汲み取りやすいような風土にしていきました。

　では、どうやってその風土を形成していったのでしょうか。

　山本店長は以下の3つの要因を話してくれました。
①発言の機会をスタッフ全員に与える
②部下から上司に意見を言わせるための魔法の言葉をかける
③変化を発見する

透明度の高いコミュニケーションを図るための3つの取り組み
①まずは、どんな小さなことでもよいのでスタッフに発言させる。山本さんは朝礼と終礼で必ず発言させることを行っています。例えば、終礼の時にアシスタントがこんな失敗を

したとします。パーマの時間を計っているお客様のタイマーが鳴っているのにもかかわらず、スタッフはそれに気づいていません。そのお客様をかなり待たせてしまっていました。お客様は自分のタイマーが鳴っていることに気づいていて、「遅いな」という顔をしている様子。ようやくアシスタントが気づき、すぐに対応しましたが、お客様は不快な様子でした。

その時は以下のような手順で話し合います。
店長：なんでこんな失敗したと思う？
アシスタント：スタイリストの人からいろいろ頼まれていて、忘れていたからです
店長：忙しくて忘れてしまうことはわかるわ。でも、お客様の気持ちになったとき、同じことをされたらどう思う
アシスタント：自分のことを忘れられているみたいで、嫌な気持ちになります
店長：そうだよね。じゃあ、どうやったら同じことをしないようにできるかな
アシスタント：(しばらく考えて)パーマのタイマーを誰が見てもわかるように紙を貼ればいいと思います。そうすると自分がもし忙しくて忘れてしまっていても、他のスタッフが気づいてフォローしてくれると思います
店長：そうだよね。それでいいよ。今日の失敗はしょうがないから、明日からはさっき言ったことを実行してね。また明日出来ていたか確認するよ

●

なぜ失敗したか⇒失敗しないためにはどうしたらよいか⇒明日から実行⇒次の日に実行できていたかの確認。一般的に言われるPLAN⇒DO⇒CHECK⇒ACTION（PDCAサイクルと言われています）というものですが、これを毎日行っています。そのときに最も大切なポイントは失敗した本人に考えさせること。店長はもちろん、解決策の答を持っているでしょう。しかし、そこで言いたくても「グッ」とこらえるのです。答を先に言ってしまうと店長もアシスタント本人もすぐに問題が解決するので、お互いラクかもしれません。でも、ラクなのはそのときだけです。長期的にみた場合、店長が答を与えることは部下の成長の機会を奪うことに他なりません。答は与えないで自ら考えさせるというのが大切なのです。

このようなことを続けていくことで先輩と後輩のコミュニケーションがいつの間にか終礼や朝礼を通じて広がっていきます。そして仕事の話だけでなくプライベートなことまで話を広げていくこと。このような積み重ねで先輩と後輩の信頼関係が築かれていきます。

②積み重ねとはいえ、実際は後輩から先輩に対して意見を言ったりするのは勇気のいることです。「こんなことを言ったら失礼かもしれない」という遠慮や「否定されるかもしれない」という不安があると思います。しかし、下からの意見を汲み取っていかないと、

組織が成長しないのも現実なのです。では、どうしたらよいのかというと、先輩から後輩に働きかけて意見の言いやすい雰囲気をつくってあげることです。その雰囲気をつくる"魔法の言葉"があります。
「絶対に否定しないから、何か提案してくれないかな」
　先輩からのこういう細かい言葉遣いが、部下の意見を言いやすい雰囲気をつくるのです。

③「変化を発見する」というのは、仕事の変化という意味ではありません。本当に些細な、日常の細かい変化に気づく。それでよいのです。
「髪型変わったよね」「今日の服すごくお洒落だね」「最近、楽しそうだよね」など、何でもよいのです。
　例えば、朝にスタッフとすれ違ったときや世間話をしているときに、些細な変化を発見して、それを褒められたら、「そんなところまで見てくれているんだ」と、その日1日スタッフは気持ちよく仕事ができるでしょう。この

ような細かい褒め言葉がコミュニケーションの潤滑油になり、スタッフとの距離感が非常に近くなってくるのです。

●

　以上のことからこのサロンの売り上げが伸びるようになった要因は、スタッフが自分で考え、発言する環境をつくりあげていったことにあります。後輩のスタッフが自ら考え働くことができ、かつ、後輩が先輩に対して意見を言える環境をつくる。そうすると、スタッフ全員が楽しく働けるようになります。
「スタッフに気を配れない人がお客様に気を配れるわけがない」という考え(信念)が山本店長のベースにはあります。また、山本店長の下で働いているスタッフの大半は、彼女のことを「すごく親しみやすくて、仕事の悩みだけでなく、プライベートの悩みまで聞いてくれる話しやすい店長だ」と説明してくれます。

　そんな山本店長は、今までどのような教育を受けてこのように育ったのでしょうか。山本店長を育てた、店長教育のスペシャリスト、石井博之さんにお話を伺いました。石井さんは『HAIR TIME』4店舗の総店長をしています。

　石井さんには優秀な店長を育てるためには何を意識して育てたらよいのか、ポイントを伺いました。

●第1：個人的な売り上げを伸ばす
●第2：スタッフに各自の役割を自覚させる
●第3：長所発見能力

　まず、第1に店長がプレイヤーとして優れていることをみんなが認めること。つまり、店長は憧れの存在にならなければいけません。憧れというのは「あの人みたいになりたい」と思ってもらうことです。
　この憧れの気持ちを部下に持ってもらうことが大切です。
　では、どうやったら憧れの存在になれるのでしょうか。
　最も大切なことは店長自身が個人としての売り上げを伸ばすことです。いくらマネジメントの上手い人でも売り上げの少ない、指名の少ない店長には誰もついていきたいと思いません。売り上げが店内でトップレベルだからこそついてくるのです。店長の個人的な売り上げのアップは、必要不可欠だといえます。
　第2のポイントは「スタッフに役割を自覚させる」ということです。要はチーフならばチーフ、スタイリスト3年目ならスタイリスト3年目、アシスタント2年目ならアシスタント2年目という自分のサロン内での役割を認識させるということです。
　どうやって自覚させているのか、もっと具体的に説明しましょう。
　例えば今年からアシスタント2年目になる人がいたとします。そして明日から1年目の人が入ってくる場合、どういう声掛けをするのかが大切。石井さんはこう声を掛けるのです。
「明日から1年生が入ってくるよな。もう1年が過ぎたね。早いね。君たちはもう2年生になるわけだ。じゃあ、君たちが1年目のときを

思い出してみよう。まず誰を見た？　先輩だよね？　先輩は先輩でも、自分の年齢に最も近い存在の先輩を見たよね。明日から入ってくる人たちも同じやで。間違いなく君たちのことを最も観ているよ」

　　　　　　　　　　──というのです。

　これを言うことで何が変わるでしょうか。

　まず、もう2年生だという自覚が生まれます。そして次に、2年生であることを意識した行動、立ち居振る舞いをしようと意識するはずです。

　人は自分の立場を自覚するとそれ相応の行動をするようになるのです。またはそうなるように努力するのです。その特性を上手く利用します。

　この例はたまたまアシスタントでしたが、チーフになってもらいたい人にチーフの役割を認識させるときも同じように刺激してあげます。つまり、スタッフの成長段階に応じて役割を与えて、その役割を自覚させることが重要であるといえます。そして、最終的には店長の役割を認識させるのです。こういったアシスタント時代からの店長による細かい言葉掛けが、スタッフのサロンでの役割を段階的に把握していくことにつながります。そして、優秀なアシスタント⇒優秀なスタイリスト⇒優秀な店長という流れで店長が育っていくのです。

　第3に相手の長所を見つけてあげる。そしてサロン内でその長所が活きるようにしてあげることです。

　部下を褒めることは重要だということはよく聞くと思います。

　しかし、ただ闇雲に褒めるのではありません。しっかりとスタッフを観察し、長所を発見し、その長所がサロン内で活かされるように褒めるのです。

　例えば、入ってきたばかりのアシスタントの人がいます。そのアシスタントは必ず自分が働いているサロンでの自分の存在意義を示したい、と思っています。サロンで自分は必要とされていると思いたいのです。これは、みんなから認められたいという欲求です。その欲求を満たしてあげる方法の1つが、「長所を発見して褒める」という行為です。

　しかし、現実で考えてみると入ってきたばかりの人がすぐにサロンのいなくてはならない存在になるのかというと、それはむずかしいでしょう。だから、まずは仕事以外の面でよいところを見つけてあげるのです（長所発見）。それは本当に何でも構いません。絵がサロン内で誰よりも上手。字が誰よりも綺麗。喋らせると誰よりも面白い──など、まったく美容とは関係ないようなことでもいいのです。

　それを1つ認めてあげて、みんなの前で褒めてあげる。その時はただ1つの点で認められただけですが、いずれ成長するにつれてその点（認められる、必要とされる点）が増え、点がつながって線になってくるのです。優秀なスタイリストや店長はこの点が数多くあります。そして、その点がすべてつながってきているのです。それがサロン内での存

在意義の大きさ、いてくれないと困る存在ということになるのです。

実際『ＨＡＩＲ　ＴＩＭＥ』でも長所を発見し、業務に活かすということがきっかけでその人が非常に伸びたという事例が他にもあります。1つ紹介させていただきます。

Ａ君という同サロンの他店でアシスタントとして働いていた人の話です。Ａ君は他店では伸び悩んでいる存在でした。それを以前から感じていたのでＡ君を違う店に変えたのです。そのときに石井さんが行ったこと、そして言ったことはこのようなことです。「Ａ君、キミは絵を描くのがメチャクチャ上手いそうだね。ぜひ、その能力を活かしてＰＯＰとか書いてよ」と言いました。そしてＡ君が書いてきたＰＯＰを見て、その日の終礼でみんなの前でそのＰＯＰを描いたＡ君を褒めました。この時点でＡ君はみんなから認められたことになります。それ以来、Ａ君はやる気が戻り、「自分で描いたＰＯＰを見てお客様がそのメニューをされるとすごく嬉しい」とモチベーションが上がったそうです。

このように長所発見の効果は絶大です。ただ長所を発見するには、常日頃からその人に興味を持つことです。今回の成功事例に関しても石井さんが事前情報として、Ａ君の絵が得意ということを知っていたからです。

その情報はどうやって仕入れたのでしょうか。

それは、常日頃からの石井さんの部下に対するコミュニケーションの賜物と言えます。

石井さんは次のように言います。
「常に部下の目線まで下りて話しています」

つまり、部下との距離を近づけて話をするからこそ、今まで見えなかった部下の得意なことや長所に気づくことができるのです。

こうしたことをベースとして行動することが、部下の信頼を得て、部下をやる気にし、優秀な店長へと育てていくのでしょう。

●

以上のケーススタディを踏まえ、優秀な店長になるために必要なことを、ここにまとめます。

優秀な店長になるためには、店長自身が部下の憧れの存在になること。そのために、スタッフに認められる最低限の数字をつくることが重要です。

それと同時に、スタッフが自ら考え、動くような働きかけができる環境をつくることができること。

この2点が同時に上手く作用したときに売り上げのよい店をつくることができます。どちらか片方でも成り立たなければ店長として店の売り上げを伸ばすことはむずかしいと思います。今回はそのための手段を、事例を挙げて解説しました。

最後に伸びる店長のチェック項目として10項目挙げておきました。自分が店長としてどれだけできているのかということを確認する意味でも1度お試しください。

チェック項目

- ☐ 自分の売り上げが店内でトップ3には必ず入っている
- ☐ スタッフの役割意識をサロン内で明確にしている
- ☐ スタッフが自ら考え動くように教育している
- ☐ 失敗に対しての解決案を部下に考えさせている
- ☐ スタッフの日常の服装の変化など、雰囲気の変化も掴むことができ、それを気遣うような言動ができている
- ☐ プライベートで部下と遊びに行ったり、飲みに行ったりしている
- ☐ お客様から見て昨年とは違うことをしているように見える
- ☐ スタッフのみんなから尊敬されている、憧れの存在である
- ☐ 全スタッフが自社の軸を理解し、実践している
- ☐ 毎日改善テーマを実施している

＜ポイント数と評価＞
- 0〜3：もう1度自分と部下との距離感を考え直してみる必要があります
- 4〜6：部下との関わり方はまずまずでしょう
- 7〜9：店長としての役割は果たせていますが、あと1歩
- 10：みんなに尊敬されている素晴らしい店長です

MEMO

Chapter 6

伸びる店長の「組織的視点」育成法

この章では、店長に必要なもう1つの能力である「組織的視点」の育成について、現場のケースを具体的に挙げながら、ポイントを整理していきます。「組織的視点」とは、どんなに苦境のときでも、できない理由を考えるのではなく、できる理由をどうにか考え出し、決断していく"当事者意識"を背景とした行動のベクトルを持つことです。

CAREER SHIFT

キャリアシフトで強くなる

chapter 6

「組織的視点」の育成に必要なのは、体内に理念が入っている状態をつくること

　伸びる店長、伸ばす店長には共通する心(考え方)や役割としての"在り方"を持っています。それは「組織的な視点」を持っているということです。「組織的な視点」とは、サロン視点でものごとを考えること、経営者的視点を持つということです。具体的に言うと、以下のようになります。

　経営者はどんなときでもサロン経営から逃げることはできません。例えば、売り上げが低迷しているサロンを思い浮かべてください。低迷の理由がわからず、売り上げアップのための解決方法が見つからない。でも、何かアクションを起こさなければならない状況…。

　このようなときには「サロンをよい方向に導き、そしてスタッフのみんなが幸せになれるような職場をつくるという立場＝重い責任から逃げ出したい」と思うことでしょう。しかし、経営者はこの責任から逃げることはしません。また、「売り上げ低迷の原因がわからないのだから仕方がない」「立地が悪いから無理だよ」といった言い訳もしません。わからないながらも、売り上げアップのためのよりよい方法はないかと、模索します。そして、それが売り上げアップのための答かどうかの判断もつかないまま、とりあえず実行に移すこともしばしばあります。

　このようにして、どんなに苦境なときでも、できない理由を考えるのではなく、できる理由をどうにか考え出し、決断していくのが経営者。「経営者的な視点」を店長が持つということは、このような行動を取れるということです。経営者とまったく同じスタンスになるというのは実際にはとてもむずかしいことです。しかし、経営者に近い"当事者意識"を持つことが大切です。経営者的な視点を持った店長とは、より経営者に近い考え方ができる店長のことをいいます。

　「経営者的視点」を持った店長に対し、「技術者的視点」を持った店長も、もちろんいます。

　技術者的視点は、経営者的視点と対になる言葉です。つまり、サロン的な視点でものごとをみることはせず、1人の技術者としての売り上げだけを考えること。いわゆる悪い意味での"サラリーマン思考"を持っているということです。このような店長は、上述した状況のように、売り上げが低迷しているときにどのように考えるのでしょうか？「何でこんなに頑張っているのに売り上げが伸びないのだろう。この考えている時間を時給に換算したら、給料の割に合っていないよな。そも

そも問題解決は経営者の仕事のはず。何で店長の俺がしなくてはダメなんだ」と、できない理由ばかりを考え、どうしても自分本位のラクな方に逃げてしまいます。なかには違うサロンに転職する人もいるかもしれません。このような人たちに共通する点は、現状から逃げようとすること、逃げるための言い訳をすることです。

また、技術者的視点を持つ店長は、その下のスタッフにまで悪い影響を及ぼします。例えば「クーラーの効いている店内で『足元はお寒くないですか？』のひと言を添え、ひざ掛けを渡しましょう」と店長がみんなに朝礼で言い、スタッフは「わかりました」と言ったとします。しかし、実際にサロン業務を見ているとどうもできていない。つまり、建前では「わかった」と言っているが本音では「重要なこと」とは思っていないし、納得もしていない。なぜ、このようなことが起こったのでしょうか？

それは店長が"経営者的視点"を持っておらず「なぜそうするのか」を説明できていないからです。

経営は99％経営者で決まると言われるのと同じように、サロン経営は99％店長で決まってしまうのではないでしょうか？

つまり、店長が仕事を時給に換算して考えるような"サラリーマン思考"の人であると、スタッフたちも同じように時給に換算して仕事を考えるようになるのです。そして「同じ時間働くのであれば極力、ラクな方がいい」と、自分本位な考えに偏りがちになります。このようなスタンスで、果たしてお客様に喜んでもらえるような施術ができるのでしょうか？

ラクをすることが基本になっていますから、こういう気持ちがベースとなったお客様への気遣いというものは、配慮に欠けてしまうところが多いからです。

店長がミニ経営者的な思考であれば、よい影響がスタッフに反映される。上記のひざ掛けの話であれば、スタッフはお客様に喜んでもらうために、「お足元は寒くないですか？ひざ掛けをお持ちしましょうか？」という、言葉掛けができるようになります。経営者的視点を持った店長はこのような好ましい影響をスタッフに与えます。スタッフの意識が高くなると、お客様の満足度も高くなります。そうすると店の売り上げもアップするのです。

●

いつも逃げない姿勢で、経営者のような考え方を持った店長になることが、売り上げを上げるためにはいかに大切なことか、ご理解いただけたと思います。しかし、現実を見てみると、店長は最初から逃げない姿勢で、経営者のような考え方になれるのかというと、そんなことはありません。ほとんどの店長が初めのうちは、ものごとを組織的視点で考えられないような、技術者本位の思考を持っているのが現実です。

売り上げを伸ばしているサロンは技術者

chapter 6

本位だった店長の思考や価値観を「経営者的思考」にシフトチェンジさせているのです。

では、どうやったら技術者本位の価値観を持つ店長を、組織的志向でロイヤリティの高い価値観の店長にすることができるでしょうか？

ポイントは、以下のような状態をつくることです。

① **店長が理念を"感じ、賛同し、実践する"環境をつくる**
② **店長の身体の中に理念が入り込んでいる状態をつくる**

●

ここで紹介する『KOコーポレーション』は、岐阜県内で3店舗を展開している成長サロン。この会社の店長たちを例に、具体的に説明していきましょう。

店長が理念を"感じ、賛同し、実践する"環境づくり

3店舗の中で最も古くからある本店の「Mitis102」に入ると、全スタッフから大きな声がかかります。

「こんにちはー！」

マニュアルで詳細に定められた「こんにちは」ではなく、ロールプレイングで手取り足取り教えてもらった「こんにちは」でもない、全員に統一されている心地よい「こんにちはー！」。

10分後、このサロンのオーナーである岡本華都子さんにお会いして、疑問は氷解しました。なぜなら、先ほどの「こんにちはー！」と同じトーンの「こんにちは」が彼女から返ってきたから——実は、ココがこの会社の圧倒的な強みなのです。つまり、古臭い言葉でいうと"率先垂範"です。

「人に先立って模範を示す」という意味ですが、現代の日本社会では軽視されているように感じられる「率先垂範」。しかしながら、サロンの"理念"、をスタッフ一人ひとりに実践していくには、これ以上の方法論はないのかもしれないと今回、改めて実感しました。

例えば、3店舗で最も新しいサロン「Pace102」

の店長、藤谷咲子さんは次のように話します。
「例えば、お客様の前で私たちはスタッフ同士で褒め合うんです。最初はなかなか馴染めなくって、恥かしくって、何でこんなことやらなきゃならないんだろう？　と思っていました」

　しかし、それがお客様から評価され、自分自身が店長となって部下を持つ立場となって、褒め合うことの意味を深く感じ始めたといいます。

　マネジメントの世界においてマニュアルは「人材育成」という点で決して無視できない存在になっています。しかし、このマニュアルの存在がスタッフ間に『こうしていればいいんだ』といったような、心が抜け落ちた表面だけの仕事を生み出している例を、多くのサロンで見かけます。

　たった1つの「スタッフ同士がお客様の前で褒め合う」という行為だけでもマニュアル化はできません。『どんなタイミングで、誰のどんなところを、どんな声の大きさで、どんな声のトーンで、そして、何故誉めるのか？』ということを、それこそ1,000、2,000というパターンで教育することのむずかしさは、経営者のみなさんであれば深く理解していると思います。『KOコーポレーション』という会社では、それを経営者である岡本さんが"率先垂範"というたった1つの方法で実践しており、その行動が理念と結びついて理解されています。「理念を感じる」という典型的な例といえるでしょう。

　素晴らしい理念を掲げている会社や企業はたくさんあります。従業員一人ひとりが理念を暗唱し、どんなときでも、質問されれば答えられる会社があります。しかし、お客様に話しかけるときの距離の取り方の1つに理念を感じさせる会社は、果たして日本中にいくつあるのでしょうか？　これは、私ども経営コンサルタントにとっては永遠のテーマであり、日頃から取り組んでいる事項の中でも最も重要な位置を占めています。

　今、その答を私どもなりに表現すると「理念に人格を持たせること」と整理できるかもしれません。

『KOコーポレーション』3店舗の中で最も大きい「Amply Hearts102」の店長、大中美香さんは、日々の業務の中で疑問点があればすぐにオーナーに質問するといいます。例えば、店舗が大きいため2ユニットで運営している同店は、ユニットの1つだけが忙しくなってしまって、アシスタントが足りなくなることがよくあるといいます。そんなときに彼女は店長として、『手が空いているアシスタントが手伝うかたちの方がいいに違いない』と考え、オーナーに意見しました。と言うのも、オーナーからは「どんなに忙しくなってもお客様は自分たちのユニットでこなしなさい」と命じられているからなのですが、それに対してオーナーの岡本さんは「今日1日の営業

を考えれば、お互い手伝う方がお客様に迷惑をかけないかもしれない。でも、恒常的にお互いが手伝う関係になってしまったら、本当だったら1日に20人もこなせるようになるアシスタントを伸びないようにさせていないか？と、感情を交えながら答えたそうです。

　ここが、大切な点だと思います。「スタッフもお客様も新しい感動と成長を」ということを大切にしている会社としての理念が、目先の売り上げよりも優先され、しかも、言葉の意味よりも話し方から大切さを感じ取ることができ、なおかつ疑問に思ったことはすぐにぶつけることができる会社。

　ともすると、私たちですら「理念は言葉の意味が大切」と捉えがちですが、実際、どんな場合でも理念を大切にできるということは、理念そのものがあたかも"人格"を持っている状態になることです。『こんな場合だったら"理念"はどう判断するか？』──そう感じられる理念にするために大切なのが、経営者の理念の伝え方や、店長が経営者の理念に対して疑問をぶつけられるような関係性です。上述した例は、この2つを端的に表したケースといえるでしょう。

●

　この状態は、店長の考え方や動き方が店の理念になっているという状態のこと。つまり、店長がどんなときにも、どんな動き方をしても、あるいは何も考えていなくても、理念に基づいた行動をしている状態を指しま

す。どうしたらこのような状態がつくることができるのでしょうか？

　『KOコーポレーション』の「本店」に勤務している店長の上杉いくみさんとお話をしていると、『あぁ、この人はどんなときも、きっとこのままで一所懸命仕事をしているんだろうなぁ』と感じさせてくれます。それは、具体的には「大きな声＝元気を発散する」ということだったり、「感情を込める＝相手に伝えるという強い意志」だったり、あるいは「キビキビ動く＝一定のリズムを持って美しい仕事をする」「スタッフの疑問に耳を傾ける」「スタッフ一人ひとりの行動に気を配る」ということであったりします。彼女自身は意識していないところで理念を体現する存在となっているわけですが、なぜ、彼女がこのような存在になったのか？　それは『KOコーポレーション』にある"叱る仕組み"から…といえるようです。

　まず、なぜ、叱ることが経営者の理念を伝えることになるのか──。それは、叱るときはサロンの理念からはみ出したときだからです。理念に則った行動は問題ありません。理念から外れた行動をスタッフが起こしたときに、「なぜ、この行動を起こしたのか？」ということを正面から向き合って叱ること。そして、スタッフの行動が変わるまでとことん付き合うこと。

　『KOコーポレーション』の店長や幹部のほとんどは、1度はオーナーの顔を見るのが怖い

というくらい叱られ続けた経験を持つ、といいます。そして、彼女たちは全員口を揃えて「最初の2週間くらいは何で怒られているのかわからなかったし、悲しかった。ただ、オーナーがこれだけ本気で怒っているんだから何か意味があるんだろう」と感じていたというのです。

彼女たちが叱られた意味がわかり始めたのは、叱られ続けて1か月くらい経った頃から。だんだん『こういうことかな？』と理解し始め、今でもまだ気付くことがある、ということです。

これも、一般的によくあることですが、部下を叱ったときに、叱る側の間違っている点を指摘する人がいます。例えば「おっしゃることはよくわかりますが、子供ではないので、そんなにキツイ言い方でなくてもいいじゃないですか」と…。ここに、叱る、叱られるということ対しての決定的なスタンスの違いを感じるのです。

つまり、叱る側は"愛情を持って"相手の行動が変わるまで付き合うつもりで叱り、叱られる側は相手の言っていることを評価しようとするのではなく『何かあるに違いない』と思いながら真剣に叱られる。

役割としての間違いを指摘するのではなく、プロとして育てるために全身で仕事を見せていくことが、理念を共有することにつながります。

●

以上のことから、経営者的な視点を持つ店長を育てるためには、2つの状態をつくることが大切で、それは①店長が理念を"感じ、賛同し、実践する"環境をつくる　②理念が店長の身体の中に入る状態をつくる――であることを紹介してきました。経営者的な視点の醸成という点で、理念教育の一助になれば幸いです。

MEMO

Chapter 7

伸びる店長の「想いを伝える」スキル開発

　1人の技術者から店長へキャリアシフトしていくときに欠かせないスキルの1つ、「コミュニケーション能力」。この章では、その中でも非常に重要な"ミニ経営者"のスタンスで行うコミュニケーション能力を解説しながら、そのスキルを高める「ロールプレイング法」をお伝えいたします。

CAREER SHIFT

キャリアシフトで強くなる

chapter 7

店長に必要なのは、「想いを伝える」コミュニケーション・スキル

　前の章では『伸びる店長の「組織的視点」育成法』について解説しました。「組織的視点」とは、「ミニ経営者としてのスタンス」です。経営者は、サロンで日々発生するさまざまな問題から、決して逃げられません。店長も同じです。店長に必要なのは、経営者に近い当事者意識を持つこと。つまり「逃げないマインド」です。店長は「ミニ経営者」であって、もはや「従業員」ではありません。苦しい現実が目の前に現れても、決して自分本位のラクな方向に逃げず、できる方法を何とか考えようとするスタンス。こうしたスタンスの有無が、下のスタッフに対しても大きな影響力を持ち、サロンをよい方向に導く原動力となるのです。

　では、そのようなミニ経営者的スタンスは、どのようにして身につけていけばよいのでしょうか？

　その事例として、前章では岐阜県の『KOコーポレーション』の事例を紹介しました。このサロンでは、まずオーナーが自ら先頭に立って行動し、手本を示すことで、サロンの理念を店長たちに浸透させる「率先垂範(そっせんすいはん)」を実践しています。まずは経営者が率先して実行し、その行動の裏にあるサロンの理念を店長にしっかり根付かせているのです。お客様をお迎えする挨拶1つをとっても、心を込めた挨拶とはどんなものなのかを、オーナー自身がまず率先してやってみせ、店長にもそれを実践させる。時間をかけて、これを繰り返していくうちに、店長は自らの行動の基準を、オーナーの価値観、すなわち「理念」に照らし合わせて考えるようになります。

「こんなとき、オーナーだったらどんな行動をとるだろう？　何と言うだろう？」

　つまり、店長が自らの行動が正しいか、そうでないかという判断を、オーナーの価値観＝理念に対してぶつけるようになるのです。

　もちろん、店長が理念からはみ出した行動を取ってしまうこともあるでしょう。そんなときに、オーナーは徹底的に店長を叱らなければなりません。理屈ではなく、とことん叱ること。店長の行動が変わるまでとことん付き合うこと。そうすることで、「オーナーがここまで叱るのには、何かわけがあるのでは…？」ということを自ら考え始めるようになります。こうして、店長は理念を少しずつ消化していきます。自らの行動を「理念」に照らして考えていくことによって、「ミニ経営者」としてのスタンスは築かれていくのです。

オーナー⇒店長⇒スタッフという
伝達経路の大切さを印象付けた事例

　オーナーが店長に対して絶えず理念を伝え続けることは、店長のミニ経営者的スタンスを決定する非常に重要な要因です。ところで、この「オーナー⇒店長」という理念の伝達経路に加えて、もう1つ忘れてはならないことがあります。

　それは、「店長⇒スタッフ」という経路。つまり「サロンのスタッフに対し、何をどう伝えているか」ということです。オーナーと店長との関係、店長とスタッフとの関係、この両方において理念の伝達経路がしっかりと築かれ、また継続されていなければ、サロンは空中分解してしまうおそれがあります。

　それを象徴する"事件"が、まったく別の会社で、2つ続けて起こりました。

　A社は人口60万人の地方都市で5店舗を展開しているサロン。スタッフ数は30人弱。もう1つのB社は、人口50万人の地方都市で3店舗を展開しているサロンで、こちらもスタッフ数は30人弱。ともに似たような環境にある、似たような規模のサロンです。

　ひと月ほど前、この2つのサロンで、幹部クラスの人材が退職するという事態が発生しました。A社の幹部は、会社全体で言うと実質ナンバー2のポジションにあり、グループ内のサロンの店長をしている人物でした。実は、辞めたのはこの店長だけでなく、同時期に全店舗で約3分の1のスタッフが辞めるという事態にまで発展してしまったのです。

　一方、B社のケースでは、社内ナンバー3でマネジャー兼店長という立場の幹部でした。A社と異なっていたのは、サロンスタッフの大量退職という事態だけは避けられたという点。その店長と同時期に辞めたスタッフは1人のみにとどまりました。

　どちらの会社もここ数年売り上げ、利益が伸び続けていたサロンです。いったい、A社とB社で何が違っていたのでしょうか？　ひと言でいえば、店長と、サロンスタッフとのコミュニケーションの密度の差でした。

　スタッフの大量退職を招いてしまったA社は、オーナー、各サロンの店長たち、辞めていったスタッフ、それぞれの間の関係が築けていなかったのです。それぞれの間でコミュニケーションが減り、現場は店長に任せっきりになってしまっていました。その店長とオーナーの間だけでも日頃からコミュニケーションが取れていたら、ここまでの事態を招くことはなかったかもしれません。

　一方のB社は、オーナーと残った幹部層が、スタッフと深い関係を築くための取り組みを行っていました。昨年と今年の強化テーマに「コミュニケーション」を掲げ、一昨年に比べコミュニケーション量を倍に増やすことを実践し、それを1年半やり続けていたのです。

　現在、A社のトップや店長たちは「ゼロからのスタートならぬ、マイナスからのスタート」という現実を受け入れ、スタッフとの関係づ

くりを始めています。

　この2つの会社での"事件"を通じて、私たちも改めてサロンや組織は生き物であるということを実感しました。スタッフの大量退職を招くことになったA社も、2年前は組織が一体化していました。ただ、それを継続していなかった。「あのスタッフとは深い関係が築けているので大丈夫」と思っていても、月日が経てば変わるものです。つまり、常にコミュニケーションは、取り続けないといけないのです。

　ここで、もう1度確認したいと思います。組織運営上、最も大切なことは何ですかと問われれば、それは間違いなく「コミュニケーション」です。

　あなたの会社ではスタッフとコミュニケーションが取れていますか？　店長はスタッフと積極的にコミュニケーションを取っていますか？

　これまでにもコミュニケーションについては何度か触れてきましたが、今回は、店長が「ミニ経営者」としてスタッフに想いを伝えるためのコミュニケーションスキルについて触れたいと思います。

店長の能力開発
「想いを伝える」というスキル開発

　第4章ではケーススタディを用いて4つのステップを踏むことが重要であるとお伝えしました。その中でも第1段階の「相手の心の扉を開くステップ」について多くの誌面を割いて説明しましたが、ここでおさらいをしておきます。コミュニケーションの基本で最も重要なことは、自分のことを理解してもらうために、まず先に相手のことを理解するということ。つまり、「話す」ことよりも「聞く」ことが重要となるのです。相手を理解してから（受け入れてから）自分を理解してもらう（自分を受け入れてもらう）という順番が大切なのです。そして相手がこちらの話を受け入れる態勢が整った後に、自分の考えを伝えるということ——これがポイントでした。

　ここでは、相手に自分の考えや想いを伝えるスキル開発に焦点を当てて解説したいと思います。何度も言いますが、相手がこちらの話を受け入れる態勢ができて初めて「伝える」スキルが活きてきます。「またむずかしい話をされる」とか「聞いていて眠くなる」という具合に、スタッフが受け入れ態勢にない場合は、これを解消しておく必要があります。

想いや考えを熱く語るリーダーに
部下はついてくる

　店長の方々に「スタッフとコミュニケーションをとっていますか？」と聞くと「ええ、十分とはいかないかもしれませんが、手が空いた時や、営業終了後にバックルームでスタッフと話をしています」、あるいは「食事に行って話を聞いています」といった答が返ってきます。しかしながら、よくよく聞いてみると

> 資料1

2005.5.8全体ミーティング

> お客様への想い

常に店においては、いろんな見直しが必要で、今までの営業スタイル、やり方の見直しも必要で、いいところは残しておいても、いいとは思うが、今までの営業スタイル、やり方にこだわる必要はないと思うんだよね。今まで通りのやり方をしていては、売り上げは下がる一方だと思います。なぜなら、時代も変わっているし、お客様も飽きてくるからなんだよね。(1拍置く) 会社の経営は上がるか、下がるかしかないんだけど。

会社(店)は1度つくったときから、成長を続けなくてはならないんだよ。伸び続けなくてはならないと思ってます。会社の最終目的が、会社(店)の存続であるわけだから、会社が伸び続けなくては存続はないんだよな。

　前と同じことをやっていたらやはり、落ちていくしかないと。会社(店)の寿命が30年と言われているが、これに陥らないようにするには、常に、あるタイミングで、新しいやり方、新しいことにチャレンジしていくことが大切だと思うんだよね。(ちょっと前まではよくミーティング等をすると、いやー) そんな話が出てきて、いいアイデアがダメになったり、なくなってしまってたんだよな。俺はこれからは、日の目を見なかった新しいアイデアや企画をどんどんとおす、実行していきたいと思うんだけど。

(王子店でやった占い、) 新しい考えを持っていなかくてはいけないなと思います。

美容室の数が増え、飽和状態になり、技術レベル、接客レベルもあがり、(顧客対応能力はまだ低いところが多い) お客様はどこの美容室にいってもそれ程変わらないと思っていて。となると、これから大切にしていかなくてはならないのは、お客様に技術だけを提供するのではなく、(2回) お客様に自分たちが大切にしていること、お客様への想いを、伝えるというのが大切になっていると思うんだよな。

「会社が考えている、お客様に対して大切にしていること」、理念とかだよね。それから「みんなが思っている、お客様へ対しての想い」などをきちんと伝えていく、必要があるんだよね。会社が考えている、お客様が大切にしていることは(2回) お客さまが家族や友だちやね、彼氏に「その髪型、似合ってるね、可愛いね」と言われたときの「満足感、幸福感」、そして自分に自信を持てたときの「充実感」をつくっているんだと、言うことなんだよね。そして、人間性の高いうちのスタッフが、感じのよい笑顔と、細やかな気遣いで、お客様を元気にしたり癒したりしてお客様にとって存在価値の高い会社になること。1番大切なことはこれなんだよ。

　みんなが思っている、お客様へ対しての想いは、店で「楽しんで欲しいし」「元気になって欲しいし」「癒されて欲しい」ってことだよね。これをね、お客様の会話の中でさりげなく伝えて欲しいんだ。(シャンプー気持ちいい) そうすればお客様は、店に対して、スタッフに対して、さらにいいイメージを持つよね。また来店したくなるんだよ。王子で顧客対応シートに書いてあることで、(気持ちよく、癒して) かいてあるんだもん。心でそのように思っているんだから、それを口に出してつたえてあげてほしいよね。大切なことは、自分たちが大事にしていることをきちんとお客様に伝えることです。

chapter 7

「コミュニケーションを取っている」というのは、スタッフと「仲のよい関係」をつくるうえでのコミュニケーションに終始しているのです。自分の理想とするお店像、美容師像、仕事への取り組み方などを熱く語っているということは、あまり行われていないようです。上記でも述べましたが、コミュニケーションのポイントは、理解してから"理解される"。つまり、相手を受け入れるだけで終わるのではなく、自分のサロンに対する「想い」を伝える必要があるのです。夢や目標を熱く語るリーダーに部下はついてきます。それが意外にできていないサロンや店長が多いようです。

想いを伝えることの重要性を
しっかり理解する

　そこで、別の質問を店長さんたちに投げかけてみます。「あなたはスタッフに想いを語っていますか？」と聞くと「はい」と答える人が多いのも事実です。そこで、店長がどんなことをよく語っているかということを、あるサロンでスタッフに聞いてみました。しかしながら、店長が語っているという「想い」はまったく伝わっていないのです。

　伝えたものが「情報」ではなく、相手に伝わったものが「情報」となります。自分では伝えているつもりが、実はまったく伝わっていないということが現場ではよく起こっているのです。

　ここで前のページの【資料1】を見てください。これはあるサロンのリーダーが会議で話す内容を、事前にメモにまとめたものです。このリーダーは、毎回会議の前に、スタッフに伝えたい内容を、時間をかけて紙にまとめ、準備しています。その中には、「ここで○○と言って笑いを入れる」「ここは少しゆっくり話す」「ここは声を大きく」「ここは一拍置く」「ここは2回繰り返す」といった"演出"までもが記入されているのです。

　さて、みなさんはこれを見てどう感じましたか？　ここまでする必要があるのか？と思った方もいるかと思いますが、想いを伝えるということは、それほど大切なことなのです。

同じことでも表現によって伝わり方が違う

　ここで、理想とする美容師像を、ある2つのサロンの店長に聞いてみたところ、いずれのサロンの店長も同じような答が返ってきました。
「お客様に似合うスタイルを提案し、それをかたちにできる美容師になるべきだ」
「お客様が中心で、お客様を喜ばせることが私たちの仕事」という考えです。

　では、これを部下であるスタッフたちにどのように伝えているか？　実は、ここに両店の違いが大きく現れています。

　ある店長の伝え方は、以下の通りです。
「やっぱり、お客様一人ひとりに合わせてプロとしての提案ができる美容師でありたいよ

ね。そしてお客様が喜ぶことをすることが我々の仕事だから、決して自分本位の仕事をするのではなく、お客様のニーズをうまく読み取ってすることが大切だよね。それをうちは心がけていきたいと考えている」

どうも、どこかで聞いたことのあるようなフレーズ。あたりさわりのない説明で終わってしまっているケースです。これでは相手の心に伝わりません。

一方、大阪で2店舗を展開している『Super Position』のケースをご紹介しましょう。創業4年で20数名の規模になり、今後も注目のサロンです。スタッフのモチベーションが高く、人がほとんど辞めないサロンの店長の伝え方はこんな感じです。

「お客様の86.5％は、美容室に来てからなりたいスタイルを決めている。言い換えれば"お客様の86.5％は自分が何をしたいかわからずに美容室に入ってくる"ということ──こういうデータが実はあるんだよ。

実際、お客様は『こんな感じ…』とか『好きなイメージは…』とか、おおまかには伝えていると思うけど、自分がどんなふうになりたいのかを初めから明確にわかっている人って案外少ないもの。普段、お客様と接していて、それを強く感じるでしょ？ 実はお客様のキモチっていうのは、『こんな感じになりたいです』ではなく『こんな感じにしたいんだけど、どう思いますか？』と、われわれ美容師に相談しにきているんだよ。

　だから、うちのサロンでは『今日はどのくらい切りますか？』『どんな感じにしますか？』とは、決して聞かないんだ。だいたいのなりたいイメージを聞いたうえで、プロとしてのヘアスタイルを提案してあげる必要があるんだよ。僕らは、言われたことを忠実に行う技術者じゃない。デザイナーでありたいと思っている。"デザインを科学する"といううちのコンセプトがあるけど、流行やお客様の要望に対して、感覚でスタイルを決めるんじゃないんだ。いろんな情報をもとに、理論でスタイルを決定していく。これをうちのスタンダードなやり方にしていきたいんだ。

　例えば…好きな女性にバースデープレゼントをあげる場面を想像して欲しい。『彼女が喜ぶプレゼントを贈りたい！』と思ったとする。みんなならどうする？
『彼女の欲しいものを聞いてプレゼントをする』って答えた人。確かに『何が欲しい？』と聞いてプレゼントすると一応喜んでもらえるよね。でもそこには『感動』は生まれるかな？ モテる人は、プレゼントの中身をものすごく考える。でも、決して彼女に『何が欲しい？』とは聞かないんだよ。一所懸命、彼女のことを理解しようと考えるんだよ。彼女の趣味は？　彼女の好みは？　彼女はどういう考え方をしているのか？　彼女はどういうライフスタイルなのか？　彼女は何が欲しいのか？…と、考えつくすんだよ。

　ヘアスタイルも同じ。お客様に『今日はどうしますか？』なんて聞いちゃいけない。そのお客様のライフスタイル、趣味をしっかり理解してあげて、そこにピッタリとハマるスタイルを提案してあげる。『Super Position』が大事にしていきたいのは、このスタンスなんだ。これが本当の意味で、お客様のことを考えるということだと思う」

●

　いかがでしたでしょうか？　店長の尾上さんはいつもこういう伝え方でスタッフに接しています。

　伝える内容は同じでも、表現の仕方で伝わり方がまったく変わってきます。このようなことがスタッフとのコミュニケーションの場では頻繁に起こっているのです。

　業績を伸ばす店長の伝え方には以下のような特徴があります。

①具体的であること（例えを出す）
②積極的な表現であること
③行動として起こせるものであること

資料2 私の理想とするお店のストーリー作成シート

軸1：人として大切にしていること

軸2：お客様に対する想い

軸3：スタッフに対する想い

軸4：会社やお店の方針

④自分が感情移入できるものであること
⑤中学生がわかるぐらいまでかみくだいてわかりやすいこと
⑥自分の言葉で語っていること

想いを伝えるスキル開発──「ロールプレイング法」

では、この「伝える」というスキルを身につけていくためのメソッドとして「ロールプレイング法」を紹介します。

1.まずは店長として自分の価値観を書き出し、かたちにする

【資料2】を見てください。お店のあり方を語るときに考える基本軸としては4つあります。
（1）価値観軸…生き方や人として大切にしていること
（2）顧客接点軸…お客様に対する想い
（3）スタッフ軸…スタッフに対する想い
（4）会社の方針軸

まずは、これらの軸に合わせてサロンとしての価値観を書き出してください。

2.2人1組でロールプレイングを行う

そして、これまでにもご紹介したように、いろんな状況を想定して、スタッフにサロンの価値観を伝えるという練習を、スタッフ役と店長役の2人1組になって行います。

ロールプレイングをした後には、スタッフ役の人がどう感じたのかを店長役の人にフィードバック。どこがよくてどこが悪かったのかを伝えていきます。このとき、注意して頂きたいのが、遠慮せずに感じたことをストレートにフィードバックするということです。

これを何度も何度も行います。最初は、たどたどしくても10回も実施すれば、徐々に思ったことを上手く伝えられるようになっていきます。

いろいろなケーススタディを使って何回も何回も繰り返すことで想いを伝えるスキルは

身についていくのです。

　考えてみてください。経営者と店長とでは想いを伝える場の回数が圧倒的に違います。新卒や中途のスタッフ面接の数を考えてみるだけでも明らかです。つまり、経営者は必要に迫られ、何度も何度も自分の想いを伝える経験をしてきているのです。だから、店長も何度も何度も状況を想定してロールプレイングし、「疑似体験」する必要があるのです。

　ぜひ、1度みなさんのサロンで試してみてはいかがでしょうか？

独自固有の長所を見つけ出す

軸4：会社やお店の方針

あなた自身は毎日サロン〔…〕
あなたも、個人として頑張〔…〕
じています。その原因とし〔…〕
ではないかとあなたは考〔…〕
けで、いまいちピンと来ま〔…〕
スタッフにまとまりを持た〔…〕
長に聞いてみましょう。

（項目）
・あなたが考える、会社〔…〕

・会社やお店が大切に〔…〕

・会社の経営理念をあ〔…〕

（聞く側のポイント）
●会社の方向性が理〔…〕
●「会社やお店の夢を〔…〕
　気持ちになりましたか〔…〕

独自固有の長所を見つけ出す

軸3：スタッフに対する想い

あなたは店長と仲もよく、〔…〕
ているのはいいけれど、自〔…〕
えるようになりました。
「自分はこのままこのお店〔…〕
ことまで真剣に考えてくれ〔…〕
のところに行ってどれだけ〔…〕
けてくれているのか確かめ〔…〕

（項目）
・なぜそのスタッフが自〔…〕

・お客様からの言動で〔…〕

・今のスタッフでどんな〔…〕

（聞く側のポイント）
●想いだけでなく、将来〔…〕
　伝わってきましたか？

独自固有の長所を見つけ出す

軸2：お客様に対する想い

あなたは接客を非常に大〔…〕
客力を高めたいと考えて〔…〕
とお話する機会に恵まれ〔…〕
んでもらうことが大好きな〔…〕
では、お客様に満足して〔…〕
かり聞き出してください。

（項目）
・お客様からの言動で〔…〕

・美容師としてお客様に〔…〕
　体的に日々行っている〔…〕

（聞く側のポイント）
●口先だけでなく、本当〔…〕
　わりましたか？

独自固有の長所を見つけ出す

軸1：人として大切にしていること

あなたはまだ入社してそれほど時間が経っていないため、忙しい店長とはなかなかじっくり話しをする機会が得られずにいます。1度ゆっくり話をして、店長はいったいどんな人なのかを深く知りたい。本当にこの人についていって大丈夫かどうか確かめたい。と思っていたところ、今日話をする時間ができました。さぁ、ようやく訪れた機会です。どんなことを考えている人なのか、尊敬に値する人かどうかをゆっくり確かめてみてください。

（項目）
・人として大切にしていることや、スタイリストとして大切にしていること

・お店の中でどうなっていきたいか、お店をどうしていきたいか

・尊敬している人とその理由

（聞く側のポイント）
●店長の人間性が伝わってきましたか？
●1人の人間として見た時に「この人なら信頼できるからついて行こう」と思いましたか？

Chapter 8

伸びる店長の「異常発見能力」開発

店長に必要な「コミュニケーション能力」とは別の、もう1つの大切なスキル。それは、サロン内に生まれがちな"SOS事態"をいち早く察知し、手を打っていく能力です。この章では、「異常を察知する能力＝異常発見能力」と言い換えることも可能なスキルについて、分析と解説を行っていきます。

CAREER SHIFT

キャリアシフトで強くなる

chapter 8

コミュニケーション以外に必要なスキル。それは「小さな異常に気づく」能力

サロンの売り上げを伸ばすには、コミュニケーションだけでは不十分!?

　ところで、前章の話を受けて、ある経営者の方からこんな相談をいただきました。
「確かに、店長としての伝えるスキルは重要だと思います。オーナー、店長、スタッフの間で共通認識ができていて、全体が1つにまとまっているサロンは強いでしょう。けれど、うちの場合は、想いが伝わっても、それが売り上げアップに直接的にはつながっていないんです。うちの店長も、自分の言葉で話すことができるようになって、会社としての方向性もスタッフにきちんと伝わっている。でも、実際に売り上げは落ちてきている、というのが現状です。あとは売り上げさえ伸びてくれれば、といつも頭を抱えているんですが…」
　こういう悩みを抱えている経営者の方は多いのではないでしょうか？　スタッフとのコミュニケーションも活発で、尊敬されている店長でも、サロンとしての業績が今ひとつ…いくら「想いを伝える伝道師」としての役割をしっかりこなしていても、サロンの売り上げを伸ばすことができなければ、店長として十分な役割を果たしているとはいえません。サロンの売り上げを伸ばすためには、経営者的スタンスは必要条件ではあっても、十分条件ではないのです。
　サロンの業績アップのためには、何が業績アップの障害になっているかを見抜き、適切な手を講じる必要があります。売り上げは、数字となって表面化しますからまだわかりやすいのですが、その要因は目に見えないものであることが多いのです。しかし、サロンで起こっている、目に見えない問題に対して、なかなかアンテナが張れていない店長が多いのも事実です。
　個人としての売り上げさえつくっていけばいい、というスタイリスト時代の考えを引きずったまま店長になってしまうと、なかなかサロン全体のことにまでアンテナが張れないものです。スタイリストから店長へとスムーズなキャリアシフトができない理由の1つには、自分自身に向いているベクトルを、外に向けていく習慣づけをしていないからなのです。
　自分への「内」のベクトルを、「外＝スタッフ」へ向けていくための方法については、これまでの章でも触れてきました。自分の仕事を後輩に渡す、夜遅くまでレッスンに付き合う、個人的な相談に乗ってあげる…このように、「他人のために使う時間を少しずつ増や

していく」ことが、スタイリストから店長へとキャリアシフトする際の大きなポイントです。

こうした「時間の使い方を変える」ということに加えて、もう1つ大切なのは「スタッフのことに日頃からアンテナを張る」ということです。スタッフからの目に見えないSOSサインをキャッチできる体制を常にとり、スタッフの内面的な変化にいち早く気づくことです。

優秀なリーダーは、スタッフの顔色や態度、お客様の表情など、さまざまな現象から、売り上げアップの阻害要因を察知し、それが大きくなる前に適切な手段を打っています。異常を探知する力＝「異常発見能力」は、業績を上げる店長にとって身につけておきたい要素の1つです。

そこで「売り上げを伸ばすために、店長として身につけておきたいこと」というテーマについて解説したいと思います。

売り上げアップのカギは「客数の山をいかに分散させるか」

売り上げを伸ばすための重要なテーマの1つとして、「客数の山と谷をどうやって平準化させるか」ということが挙げられます。

どのサロンでも、客数には波があります。例えば季節変動。6～7月へかけての夏場の山、12月の山、3～4月にかけての山など、年間を通して眺めると明らかに客数の多い月、少ない月とがハッキリ分かれます。

これをさらに時間軸を細かくしてブレイクダウンしてみましょう。

「1か月の中で客数の多い週、少ない週」
「1週間の中で客数の多い曜日、少ない曜日」
「1日の中で客数の多い時間帯、少ない時間帯」
　　　　　　──という具合に分かれます。

ところが、こうした傾向を把握していながら、お客様が集中したときに、長い時間お待たせしてしまったり、あるいはお断りしたりしているケースが非常に多い、というのが現状です。これは、サロンにとって大きな機会のロスであると同時に、既存のお客様にとっては不満足要因となり、他店へ流れてしまう、ということにもなりかねません。

では、お客様が多いときにどうこなすか、という課題に対して、店長が果たしてどこまで対処できているでしょうか？　お客様をお断りするケースについて、あるサロンの店長は、こう話してくれました。

「うちの場合は駅前のメインストリートに面した1階にあるせいか、飛び込みで来られるお客様が多いんです。でも、やはり予約された方が優先なので、お客様が混み合う土日は、やむを得ずお断りすることもありますね。平日は比較的余裕がありますから、お断りすることはほとんどないんですけど、土日に来られたお客様には、できるだけ平日に来ていただくよう働きかけています」

このサロンは、売り上げがここ最近頭打ちになっているために、何とか打開策を考えたいということで相談をいただきました。と

ころが、現場ではお客様をお断りしているケースがかなり多いようです。そこで、1か月でどれぐらいのお客様をお断りしているか、カウントしてもらったのです。

上がってきた数字を見て、驚きました。お断りした人数は、1か月で約60人。このサロンの客単価は、平均7,000円ですから、毎月およそ42万円の機会を失っていることになります。

なかには、後から電話で連絡をいただき、曜日変更をしていただいた既存のお客様もいらっしゃいましたが、そういう方はカウントから外してあります。つまり、お断りしたことによって客離れしてしまう可能性のある、新規・既存のお客様が、実に60人ということです。これは、その時点の売り上げだけでなく、将来のリピート売り上げまでロスしていることになるのです。

そこで、「例えばお客様を断らずに入店させてはどうか」と店長に投げかけてみたところ、こんな答が返ってきました。
「実際、その時間帯はスタッフはいっぱいいっぱいなんです。あんまり無理してお客様を入れても、スタッフがついてこれないし、下手するとクレームになってしまう。だから、無理にその時間帯に詰め込むよりも、何とか他の空いている曜日に来てもらえるよう、お客様に呼びかけてはいるんですが、どうしても週末に集中してしまって…」

実際、お客様をお断りするのは、どのサロンでもあることです。ただ、お断りする客数を完全にゼロにすることはできないにしても、少しでも減らす手立てを店長としては考えなくてはなりません。

そのためにまず考えられるのは、この店長が取ったような「他の曜日なら空いてますよ」というご案内をスタッフに徹底させること。こうすることで、客数が集中する週末を、平日に多少は分散させることができるでしょう。

また、次回提案の言い方を工夫することでも、客数を分散させることは可能です。例えば「次回はこういうスタイルで、こんなケアをしていただくのが○○様にはピッタリですね。そのためには、平日の空いているときにしっかり対応させていただきたいんです」と、そのお客様にとっての個別性を強調することで、土日に集中する客数を分散させているスタイリストもいます。

「週末に来たい」という
お客様の気持ちに応えるスタンス

しかしながら、やはり週末に客数が集中するということは、「週末に来たい」と考えているお客様が多い、ということですよね。そんなお客様の要望に、何とか応えたい、と思う「顧客志向」を、店長がスタンスとして持っていなければなりません。

「顧客志向」とは、顧客一人ひとりの気持ちになりきって、それに応えようとすることです。「この日にサロンに行きたい」というお客様の気持ちを、まず尊重する。そういうスタンス

をサロンスタッフにも浸透させることです。

お客様に対して「土日じゃなくて平日を」と言う前に、土日でも特に混み合う時間帯の客数を、前後の時間帯に分散させることはできないか。「無理」という前に、やれる方法はないか。これをまず考えよう、という姿勢を示すことが大切なのです。

例えば、土日の受付時間を1時間延長して、ピークの山を吸収することもできるでしょう。あるいは、1人のお客様にかける時間を短縮する、というのも検討すべきでしょう。特に、自分の技術に自信がないスタッフは、「時間をかけて丁寧にやることがリピートにつながる」と勘違いしている場合があります。その場合は「スピードを上げることでお客様に喜んでいただく」という認識へ軌道修正してあげる必要があります。

また、施術の時間が長いというよりも、セット面で待たせている時間が長い、ということも考えられます。その場合は、手の空いているアシスタントに指示を出して、お客様がセット面で待たれている間に、必要な準備はすべて済ませておく、という「段取り」の見直しも必要でしょう。

このように、お断りしているお客様がいる場合は、まずその時間帯で対応するための工夫をすること。営業時間を延長したり、時間効率を高めたりするなど、その時間帯に来たいという顧客の気持ちに応えようとすることが、業績を上げる店長にとっては必要なスタンスです。

chapter 8

顧客志向の光と影

　しかし、こうした顧客志向のための取り組みは、ときとしてスタッフにとっては大きな負担にもなります。お客様に「感動」していただくために、あれもやりたい、これもやりたい…となると、業務は山積みになってしまう。そこで、スタッフの不満が沸々と出てくるのです。「やることが多すぎる」「忙しくて時間がない」「毎日、夜中の12時過ぎにならないと仕事が終わらない」「朝がきつくて起きられない」──。

　こうした不平・不満は、実は、顧客志向の「影」ともいえる部分です。光があるところには、必ず影があるように、顧客満足があるところには、スタッフ不満足が必ずといっていいほど存在します。お客様を優先させればさせるほど、やることは増え、スタッフのストレスは増幅していきます。そして、それは1人のスタッフの中だけに留まらず、他のスタッフへ「伝染」していきます。

　そこで、店長はどうしてもスタッフの顔色を伺ってしまうのです。先ほどご紹介した店長の「スタッフがいっぱいいっぱいだから」というコメントに象徴されるように、仕事のボリュームがある程度にまで達したところで、それまでの顧客志向はスタッフ志向へと切り替わってしまいます。

　確かに、昼食もとらずに1日中フラフラになって働いているスタッフを前にして、「顧客志向に徹しろ」とはとても言えないという店長の気持ちも、心情的には理解できます。ただ、大切なのは、そのようなスタッフの抱えているストレスを増幅させないことなのです。

　スタッフのストレスが増幅してしまうと、それは売り上げアップの大きな阻害要因となります。指示を出しても、行動に移さなかったり、「そこまで手が回りません」と反抗的になったり、しまいには店長の足を引っ張るような行為にまで及びかねません。優れた店長は、スタッフのストレスが増幅する前に、それをいちはやく察知する習慣を身につけています。

　ここ3年間、売り上げが右肩上がりに伸びている一方で、1人の退職者もないという、あるサロンの店長Tさんは、次のように語ってくれました。

「スタッフのストレスは、さまざまなかたちで表面化します。不満を直接私にぶつけてくるスタッフは稀なほうです。日々の表情が暗い、出勤時間がだんだん遅くなってきた、積極的に話しかけてこなくなった…。

　こうした現象面での変化には、たいてい裏があると思っています。例えば、バックルームで自分の道具や荷物を乱雑に置くようになったスタッフは、たいていストレスを抱えている傾向がありますね。以前はしっかり整理整頓ができていたのに、それができなくなったということは『これだけ忙しくて、疲れているんだから、きちんと片付けている暇なんかあるわけないだろ』というメッセージの裏返

しなんです。

　タイムカードの打刻時間が遅くなってきたスタッフや、休憩時間を守らなくなったスタッフにも、似たような不満を抱えています。そこで、普段の表情や顔色を見てみるんです。どこか浮かない表情をしていたりすると、ああこれはSOSのサインだ、と確信できます。そういうスタッフには、こちらから声をかけてご飯に誘ったりなんかして、話をきちんと聞くようにしています。

　でも、本当に大切なのは、そこまでストレスが表面化する前に、いかに予防策がとれているかどうかなんです。

　サロンワークは、肉体的にも精神的にも大変な仕事です。当然、ストレスを抱える人がいてもおかしくない。でも、そういうしんどさを受け入れる土壌を、本人の中につくってやることが大切なんです。そこで、新しく入店してきたスタッフには、必ず伝えるようにしていることがあります。まず2年間はとにかく量をこなして欲しい、仕事を断らずにやってみて欲しい、と。早く先輩たちに追いつこうと思ったら、普通の努力量では、いつまでも先輩の背中を追いかけて走らなきゃいけない。量はいつかきっと質に変わる。それがわかるときが、2年を過ぎた頃にきっとくる、と伝えるようにしています。

　もう1つ重要なのが、本人を応援してあげる人が、サロン以外にいるかどうかです。特に、ご家族の方のご理解は、とても大切です。

本人が家に帰ってから『そんなきつい仕事、辞めてしまいなさい』では、ストレスが増殖してしまいますから。だから、うちのサロンでは、スタッフが入店してしばらくたったら、私のメッセージを添えてご家族の方に招待チケットを送るようにしているんです。たとえ本人がくじけそうになっても『もうちょっと頑張ってみたら』と支えていただけるよう、ご家族の応援体制は不可欠だと思います」

業績アップにつながる
「異常発見能力」と「コミュニケーション」

　前章までにサロンの想いを伝えるという観点から、コミュニケーションの重要性について触れてきましたが、売り上げをアップさせるうえにおいても重要であるということが、このTさんのコメントから伺えると思います。

　売り上げを伸ばすためには、顧客志向というスタンスが欠かせません。しかしながら、顧客志向という「光」を追求すると、そこには必ず、スタッフのストレスという「影」が出てきます。

　傾向として、昨年対比で急激な伸びを示しているサロンの内部では、「影」も大きく膨らんできます。加えて、傾向としては、客数が130％以上にも達するようであれば、内部のどこかに歪みが生まれている可能性が高いといえます。

　ただし、一方で前年割れしているサロンでは、「影」がもっと大きくなる傾向があるので

す。ある程度サロンが忙しいときであれば、スタッフはみんな、気持ちがお客様に向いているので、愚痴や不満を言う余裕がありません。しかし、サロンが暇になると、自分たちや周りを見る余裕ができるため、いろいろな不満がどんどん増殖してしまうのです。この場合はむしろ「影」から始まっているため、それに同等するぐらいの「光」を生み出す必要があります。

日頃から「異常発見能力」を絶えず磨き、サロン内でのSOS事態にいち早く手を打つこと。同時に、スタッフがストレスを受け入れる体勢を取れるようなコミュニケーションを取り続けること。業績アップという「光」を得るために、「影」を最小限度に食い止める取り組みが必要となってくるのです。

Chapter 9

伸びる店長の
「お客様の変化に気づく」
能力開発

店長に必要な能力の1つとして、前章で解説した「異常発見能力」。その能力をサロンの内側であるスタッフだけでなく、"外側の人"に向けていくことも大切。この章では、「異常発見能力」をお客様に向けていくことの重要性を解説していきます。

CAREER SHIFT

キャリアシフトで強くなる

必要なのは「スタッフの変化」だけでなく、「お客様の変化」にも気づく能力の開発

　前章では、店長の「異常発見能力」というテーマについて解説しました。業績アップを達成するために、いっそうお客様に対するサービスの充実をはかろうとすると、あれこれと仕事が増え、それがスタッフのストレスとなって溜まっていくことがあります。そうしたストレスは、日常の業務で目に見えるかたちとなって表面化します。スタッフの表情や態度、バックルームの状態などに、これまでに見られなかった変化が現れるようになる。そこに、業績アップの阻害要因が潜んでいるのです。

　したがって、店長にとって大切な要素の1つは、「スタッフの変化に気づく」能力です。店長は日々サロンで起きている現象に対し、アンテナを常に張っていなければなりません。そして、スタッフに見られる変化をいち早く察知し、その裏に潜んでいるSOS信号を見抜き、それが深刻化する前に早急に手を打って行く——このような「異常発見能力」が、これからの店長には求められています。同時に、スタッフがストレスを受け入れる体勢をとれるようなコミュニケーションをとり続け、スタッフの不平・不満を最小限度に食い止める取り組みが必要である、ということを前章で解説しました。

「お客様を観察せよ！」では何も発見できない…？

　こうした「異常発見能力」は、スタッフに対してのみでなく、当然、お客様に対しても向けられていなくてはなりません。例えば、普段なら1か月周期で来店されるお客様が、2か月ぶりに来店されたり、いつもは明るくお話されていたお客様が、何となく笑顔も口数も少なかったり…。

　こうした「お客様の変化に気づく」能力は、店長のみならず、サロンスタッフ全員にとって非常に大切なテーマです。スタッフのお客様に対する感度が高ければ、「自分のことをわかってくれる」サロンとして多くのお客様の信頼を得ることができるでしょう。したがって店長は、自分自身のお客様に対する感度だけでなく、サロンスタッフの感度も高めていく必要があります。

　実際、私たちも、多くの店長から次のような相談をいただくことがあります。
「業務が終わった後、その日の反省会などで、『お客様の気持ちになって、もっと気づいてあげよう』という話になることが多いのですが、これ、今までに何度も言ってきたことなんです。その日はそれで話が終わっても、次の日

になって店内が混みあってくると、もう自分のことだけしか見えなくなって、またお客様をほったらかしにしてしまう。何回言っても、お客様のことがしっかり見えてないんです」

このように、お客様に対する「異常発見能力」を高めるために、店長が口を酸っぱくして言っているサロンも多いことでしょう。

しかしながら、「気づきなさい」と言って聞かせるだけでは、具体的にどんなところを見ればよいのか、スタッフにはわかりません。気づくことの大切さについては、頭では理解できても、どうすれば気づけるようになるかがわからないため、サロンワークにすぐに反映できないのです。

ただ漠然とお客様の動きを眺めているだけでは、何も気づきません。大切なのは、「どんな意識で現場に立てば、変化に気づけるか？」を、店長がスタッフに対して明確化してあげることです。

数字から「異常」を発見し、現場で検証する

変化に気づき、対応する材料として欠かせないのは、まずは数字です。売り上げ、客数、客単価、リピート率などのデータに絶えず着目し、そこからサロンで起こっている「変化」を察知します。数字は、状況の悪さ加減を具体的に教えてくれます。このように、数字から「変化」を嗅ぎ取る感覚を、店長だけでなくスタッフも日頃からミーティングなどの場でトレーニングしておく必要があります。

ただし、数字はあくまでも結果に過ぎません。数字における「変化」を発見できたら、「こんな数字が出てきているのは、なぜなのか？」とすぐさまその原因を突きつめて考えます。

例えば、リピート率が下がっていることに気づいた場合、
「リピート率が下がっているのは、最近忙しさにかまけて、リピート促進のDMをきちんとお客様に送付していないからではないだろうか」
——と、数字のもとになった原因をまず推測します。

ただし、もしかしたら、リピート率低下の原因は他のところにあるかもしれません。ここで、推測した原因が正しいかどうかを、確かめてみる必要があります。

例えば、スタッフにDMの送付状況をヒアリングしてみたり、普段のサロンでのスタッフの動きをよく観察してみたり…すると、現場を観察しているうちに、本当の原因は「忙しさのあまりお客様に対する対応そのものが雑になっていたのではないか」と気づいたりします。ここでは、初めに立てた推測が正しいかどうかは問題ではありません。初めに原因を推測したおかげで、それを確かめようとする視点に立ち、真の原因を発見することができたのですから。

このように、数字から異常に気づいたら、その背景にある現象を推察し、問題はこれではないか、という視点で現場を観察する「視座」が非常に重要です。視座とは、簡単

に言えば「どのような立場でものを見るか」です。問題意識を持たずに現場を眺めても、グルグルと同じ場所を回っているだけに過ぎません。「こんな数字が出てきているのは、なぜなのか？」と、『なぜ』を問いながら現場を観察するような習慣を、スタッフにも浸透させることで、現場での問題意識を深めることができるようになるのです。

●

以上、「数字からの異常発見」について触れましたが、実際には数字以外の現象からも異常が発見されることが多いでしょう。お客様と接していて、ちょっとした表情の変化に気づけるかどうかで、お客様からの評価が大きく変わってくるものです。

では、サロンスタッフの現場での「異常発見能力」を高めるために、サロンの現場では店長は具体的にどのような取り組みを行っているのでしょうか。

今回は大阪に5店舗を展開する『MASHU』の「CHICK SHOCK」店の店長、竹田奈美さんと、「KITA HORIE」店の店長、前田晴代さんのお2人にお話を伺いました。

●

まずは「CHICK SHOCK」店の店長、竹田奈美さん。美容に対する情熱は非常に熱く、美容について話し出したらとまらない、非常に明るい方です。ちょっとしたお客様の

しぐさにすぐに気づき、お客様の気持ちを汲み取る感度は天下一品。お客様からも「竹田さんは私のことよくわかってくれているわ」と評判です。そんな竹田さんは、普段のサロンワークでお客様のどんなところを見ているのでしょうか？

お客様の心理状態がよいときと、悪いときの顔の向き

　竹田さんのお客様を見るときのポイントは、まず「顔の向き」にあります。
「お客様の心理状態がよいときは、たいていお客様は鏡を見てスタッフと喋ろうとされるんです。つまり顔が上を向いている。その時の表情は決まって笑顔ですね。
　このようなお客様には、スタイリストもアシスタントも、積極的に話をするように促していき、うちのスタッフを1人でも多く知っていただくようにしています。そうやって、スタッフ全員でそのお客様と楽しい時間を共有します。そうすることで、お客様の親密度は高まり、ますますファンになっていただけるんです」

お客様の言葉の奥にある「心の声」を読み取る

　さて、逆に、お客様が不満を抱えているときも、その兆候はいろいろなところに現れます。それは表情だけでなく、言葉となって発せられるときがあります。ただし、気をつけなくてはならないのは、お客様は直接的な不満の言葉として表現されるとは限らない、ということ。表面的には何気ないひと言であっても、その奥には、言葉とは別の"本音"が隠れていたりします。

　そんなことを思わせる、ある出来事について、竹田さんは以下のような話をしてくれました。
「その日は営業開始時間から終了時間まで予約がぎっしりでした。スタッフは大忙しで手が回らない状態。それでもみんな終始、笑顔でサロンワークを行っていました。お客様に対する気配りや、言葉かけなどのコミュニケーションをしっかりとり、もちろん施術面でも丁寧に早くを心掛けていたつもりでした。
　しかし、お客様のひと言で、それがスタッフ内での勝手な思い込みであることがわかったんです。
　施術中、あるお客様が、寂しそうな表情で、『忙しそうね』とポツリ。表面的な言葉だけを捉えると聞き過ごしてしまいそうですが、その言葉の奥にある意味をよく考えてみました。『忙しそうね』という言葉の奥にあるのは、『いつもだったらもっと話しかけてくれたり、気に掛けてくれたりするのにな』という"心の声"なんです。
　これに気づいたとき、お客様に申し訳ないと思うと同時に、自分たちの甘さに気づかされました。自分たちは精一杯頑張っていて、お客様にもいつもと同じように接しているつもりでも、お客様はそう感じていらっしゃらなかったんです」

chapter 9

「できているつもり」に陥らないための仕組みとは？

　自分ではできているつもりでも、どこかに慌ただしさが出ていて、お客様に対する対応がおろそかになっていたのではないか…と竹田さんは、このとき感じたのです。

　こうしたきっかけがあって、竹田さんはある取り組みを始めることにしました。
「自分ではできているつもり、という主観ではなく、客観的に見てどうだったか、ということが肝心なんです。第三者の視点で、サービスや対応のレベルを判断する仕組みが必要だな、と思って、ある取り組みを始めたんです。

　まず、朝礼の時にスタッフそれぞれがその日の具体的な行動目標を紙に書きます。例えば、『お客様に挨拶を誰よりも早くして、1番にコミュニケーションを取りにいく』。それで、その紙をみんな、1つのボックスに入れるんです。ですから、営業中は誰がどんな目標を書いたのか、誰にもわかりません。

　営業が終わってから、終礼のときに、店長がみんなの目標を入れたボックスから、何枚かくじ引きのようにピックアップし、そこに書かれてある目標を読み上げます。それを受けて、みんなはその日の仕事ぶりを振り返って、その目標を書いたであろうと思われる人を"せーの"で指して当てるのです。

　目標を書いた人と、みんなとの評価が一致したとき、初めてそれは"サービス"として認知されるのです。自分ではできているつもり…ではなく、誰から見てもできているかどうか。こうした取り組みを、今では毎日続けていますね」

●

　この取り組みで、3つの効果があったと竹田さんは言います。まず、スタッフの挙げる行動目標がより具体的になったということ。そして、各人の「自分のサービス」を客観的に評価することができるということ。さらに、お客様に対する感度だけでなく、スタッフに対する感度が磨かれるということです。スタッフ同士がお互いに興味を持ち、決して他人のあら探しをするのではなく、いいところ、がんばっているところを発見しよう、という視点がここで生まれるのです。

　このように、忙しくなってもスタッフの気づきのレベルにできるだけムラが出ないように、サロン内で「気づかせる仕組み」をつくること。これが、店長の重要な役割といえるでしょう。

店長が自らの「異常発見能力」を検証する機会をつくる

　さて、竹田さんに続いて「KITA HORIE」店の店長、前田晴代さんをご紹介します。前田さんの理想とするサロン像は、「自分がいなくても現場がうまく回るようなサロン」。そのために目指しているのが、「店長らしくない店長になること」と言います。
「スタッフとの距離が近いと、スタッフも私と接しやすいから、いろいろな報告や意見が

出てきますよね。私1人が何かを決めてトップダウンでやるよりも、スタッフから意見を吸い上げる役割でありたいと思っています。私が自然体でスタッフと接することで、スタッフが積極的に発言し、行動できるような空気をつくる。そうすればみんなが自分の考えを持って、自立してくれるようになるんです」と、前田さんは笑顔で語っていました。

そんな前田さん、一般的な店長に比較すると、サロン現場に立つ頻度はそれほど多くありません。前田さんが、自分がいなくても現場が回るように心がけているのはそのためです。そして、現場で起こっていることを知るために、スタッフから常にどんな些細な報告でもあがってくるような風土をつくり上げているのです。

普段、スタッフと接する時間が少ない前田さんは、スタッフに対する観察眼を磨くために、ある取り組みを行っています。
「私が現場に入ったときには、スタッフのことをしっかり観察するようにしていますが、それを検証する場が必要だと思ったんです。そこで、スタッフから『全然私たちのことをわかっていない』と思われないように、私自身がスタッフにもっと関心を持てるように、毎月のお給料を渡すときには、スタッフ一人ひとりに手紙をつけて渡しています。コメントがすぐに書ける人は、自分でもそのスタッフのことをよく観察できているな、と自分でも再認識できますよね。しかし、コメントがなかなか書けない場合、まだまだそのスタッフに対する観察が足りないということです。来月はもっとスムーズにコメントが書けるように、そのスタッフを特に観察するようにしています」

●

前田さんのスタッフに対する「異常発見能力」は、このように自分の観察眼を検証できる機会を自らつくることで、いっそう磨かれているのです。

お客様の変化を知るために、サロンの外へも目を向ける

前田さんのアンテナは、スタッフに対してのみ張られているわけではありません。お客様の変化に対しても、そのアンテナはしっかりと向けられています。特に、前田さんが店長を勤める「KITA HORIE」店は、『MASHU』の店舗の中でも流行の最先端を走るサロン。同サロンでの新しい取り組みは、まずこの支店で導入して、うまくいったら他の店舗に広げるという展開方法が取られています。それだけに、この支店の店長には、最新の時流を捉える鋭い感性が求められるのです。

店長の前田さんが、お客様の変化を察知するために絶えず行っていることが「マクロに時流を捉える」ということ。現在、消費者の生活にどんな変化が起こっているのかを、さまざまな雑誌を調べたり、街を歩く人の様子を観察したり、競合店に足を運んだりして、細かく観察しています。そこから、これまで

chapter 9

と違ったお客様のニーズをいち早くキャッチし、サロンに取り入れるようにしています。

　では、前田さん自身は、そんな取り組みを通じて、どんな時流の変化に気づかれたのでしょうか？

「大切なのは、街の現象や新聞、雑誌などいろいろな情報源から、今、お客様の生活に何が起こっているのかという変化を捉えて、サロンでのオペレーションに活かすことだと思います。特に私が最近注目しているのは、"ワーキングマザー"、つまり働きながら子育ても行っている主婦のことです。"ワーキングマザー"の方が抱える特有のニーズとは、『時間を有効に使いたい』。具体的には、子育て以外に『お洒落したい』『美味しいものを食べたい』『癒されたい』など、さまざまなことに時間を使いたいという欲求が強いんです。つまり、時間に対してとてもシビアになってきています。ですから、特にそのようなお客様には、希望の時間をしっかり確認したうえで、それまでに帰っていただくことをサロンでも徹底するようにしています」

●

　自店だけに目が向けられているようだと、世の中の美容における流行、時流に遅れてしまいます。そのようなサロンは消費者にすぐに飽きられてしまうでしょう。お客様の半歩先を行く、飽きられないサロンをつくるためには、常に時代の流れに乗った提案を行うための情報収集を怠らないことが大切だ

と、前田さんは実感したのです。

「もちろん新しいものを提案して、まだ早すぎたりして失敗するときもありますよ。でも、大切なのは、新しい何かを生み出すためのアンテナを、常に外にも向けることなんです。もっと斬新な新しいサロンをつくって、お客様に美に対する新しい発見をしていただけたらいいなと思っています」

「ミクロ」と「マクロ」の
２つの視点での異常発見能力

　以上、「CHICK SHOCK」店の竹田さん、「KITA HORIE」店の前田さん、2つの事例を紹介しました。

　お客様のロイヤリティを高めるには、店長、そしてスタッフがお客様に対する「異常発見能力」を高めること。すなわち、お客様の表情、言葉からその奥に潜む「心の声」を洞察する感度を磨くことです。ただし、これだけではお客様の半歩先を行く提案はできません。こうした"ミクロの視点"に加えて、消費者の欲求を時流の変化として捉える"マクロの視点"を持ち、新しい提案を生み出すDNAをサロン内で育むこと。これら、ミクロとマクロの2つの視点が、お客様に対する感度を高め、サロンの業績を高めていくうえで欠かせない要素といえるでしょう。

Chapter 10

伸びる店長に必要な「"能動的"課題解決」の能力開発

この章では、サロン現場に発生するさまざまな"課題"を能動的、つまり自ら前向きに解決していく能力の開発がテーマ。事例を交えながら、能動的に課題を解決していくことの"意味"と"実態"を解説しながら、店長にとって、なぜ必要なのかを分析していきます。

CAREER SHIFT

キャリアシフトで強くなる

chapter 10

店長には「前始末、段取り」という能動的な「課題解決能力」が求められる

　前の2章にわたって、店長の「異常発見能力」というテーマについて述べました。「異常発見能力」とは、スタッフやお客様の「変化」をいち早く察知できる能力のこと。「変化」の裏にある、心の声を読み取る感度を高めていくことが大切である――ということについて解説しました。

　周りのことによく気づくということは、優れたリーダーになるために欠かせない要素といえます。そしてさらに、もう1つ大切な要素が、今回お伝えしたいテーマである「課題解決能力」です。

　「異常発見能力」と「課題解決能力」は、クルマの車輪のようなものです。ただ実際には、店長の機能としてこの2つの車輪がうまく回っていないことがよく見られます。例えば、そもそもサロンでの異常事態には気づいても、それに対してどんな手を打ったらいいかわからない店長。いずれの店長からも挙がった声は、たいてい「忙しくてそこまで手が回りません」。

　このように「忙しい」「時間がない」とよくグチをいう店長に限って、実は、仕事を自分で抱え込んでしまっているケースが少なくはありません。しかも、アシスタントでさえ十分にできる仕事までも、任せられずにいる店長をよく見かけます。それゆえに、自分1人のキャパでは追いつかなくなる。そうして、仕事に追われるようになってしまう…こうして、店長として本来やらなければならない「異常発見」と「課題解決」ができなくなってしまうのです。

「スタッフを通して課題を解決する」のがリーダー

　本来、店長とは与えられた経営資源であるヒト、モノ、カネを最大限に活用し、サロン内での課題を解決していくのが仕事です。

　自分で何もかもやってしまうのであれば、スタッフはいりません。店長はより大きな仕事を仕上げるために、今は自分にしかできない仕事でもスタッフに任せて、自らはワンランク上のレベルの課題解決にチャレンジしていくことが必要です。そのためにも、自らの分身を育て上げていくことが重要になってくるのです。

　頑(かたく)なに、リーダー自身が今までの自らの仕事に固執してしまってはなりません。人を十分に使いこなし、フル稼働させてこそ真のリーダーです。自分の仕事がなくなってしまうのが不安で部下に任せきれない者は店長失格です。「人を通して課題を解決するのがリ

ーダー」なのです。

　どっぷりと目の前の仕事につかるのではなく、サロン全体を見渡しながら積極的に課題を発見し、最適な解決策を生み出すために知恵を絞るのがリーダーとしての真の姿です。

大切なのは、課題解決が「能動的」であること

　さて、ここでいう課題には、店長自らの発見によってつくる課題と、経営者から課せられた課題の2つがあります。いわば「能動的課題」と「受動的課題」といってもよいでしょう。

　リーダーは、これらに対極する課題に対して、スタッフの力を最大限に活かして解決に当たっていかなければなりません。

　しかし、どうしても仕事に追われ、表面化した課題に対応していくだけで、精一杯、自分から課題を発見して対処していくなんて余裕はとてもない…という悩みも多いはず。

　確かに、店長がやるべき仕事のボリュームは相当なものです。他のスタッフと同じようにサロンワークをこなす一方で、サロンメンバーの動きにも目を配らなければならない。当然、他のスタッフよりもしなければならない仕事は多いわけです。そんなに忙しい店長だから、どうしても目の前の仕事だけに精一杯になってしまい、課題の解決が後手に回ってしまうのです。

　あるサロン経営者の方の話で、次のような言葉が印象に残っています。

　「今の店長さんたちは、与えられた課題を解決する能力は長けているが、目標達成のための課題を自ら発見したり、いくつもの課題の中から、まず取り組むべきものを決めたりする能力に欠けている者が多いのではないか…」

　つまり、オーナーから「これをやりなさい」と課題を受身的に与えられれば、すぐれた能力を発揮するけれども、「こんな問題が、目標達成の障害になっているみたいだから、まずこれを解決しよう」と積極的に課題を発見して対処していく能力を備えている店長は少ない、ということです。同じ現象を見ても、ある人は課題と感じて解決しようとしますが、ある人は課題と考えずに見過ごしてしまう場合もあります。

　大切なのは、受診的な課題解決に終始してはならない、ということ。能動的課題解決のウェイトが高まってこそ、本物のリーダーといえます。

　では、どのようにすればより能動的に課題を解決していけるようになるのでしょうか？　その秘訣はズバリ「仕事の始末をする」ことです。

店長の仕事の成否は「前始末」で決まる

　場当たり的に仕事をこなしている店長は、いつも事後処理に追われ、仕事に振り回されています。一方、常に先々のあらゆる状況を想定して計画的に手を打つ店長がいます。自らの仕事も含め、明確な目標を立て、それを実現するために「誰が、何を、いつまでに」を決め、実行します。進捗状況をどの段階で

chapter 10

どのようにチェックするかが、万が一計画通りいかなかった場合はどうするのか、といったことまで考えています。

そんなリーダーは場当たり的リーダーに比べ、仕事における能動的な要素をはるかに多く備えています。その理由は、今後想定される課題にどう対処すべきか、おおよその筋書きをあらかじめ立てているからです。

つまり課題が解決されるかどうかは、その課題が発生する以前に、もう決着がついているといっても過言ではありません。店長の仕事は「前始末、段取り」で大半が決まってしまうのです。

明日やるべきことは今日までに。来週やるべきことは今週末までに。来月やるべきことは今月末までに──というように、段取り、計画を立てておく＝筋書きを考えておくことが、能動的に課題を解決していくうえで極めて重要なのです。

もちろん当日、当月になってみないとわからないことが起きる場合もあります。しかし、そのイレギュラーな自体までも想定し、万が一のときの対策まで考えておくのが真のリーダーです。何よりも先手、先手で課題解決に当たっていくほうが、自ら道を切り拓いていく実感が持てて楽しいはずです。自分の筋書き通りに仕事が進んだとき、喜びと達成感も倍増されるでしょう。

課題解決は「常に先を読む」「課題を能動的に発見する」ことから始まります。

目標をアクションレベルまでブレイクダウンする

できるリーダーの最大の条件は、先手、先手で物事を企てていく能力です。能動的に目指すべき目標を掲げ、その実現のための計画を立てることが、目標を達成するうえで必要です。

例えば、今月のサロンの目標売り上げが300万円だとした場合、目標達成のためには1日に換算するとどれくらいの売り上げが必要なのか。また、そのためには、今の客単価のままだとして、何名まで集客していく必要があるのか。そのためには、どんな具体的行動が必要なのか。どのように販促手法をとっていくべきなのか…。

このように、大きな目標を「そのためには…」と細かく具体的な行動に落とし込むことによって、実現イメージが湧き、その達成がリアルに感じられます。そういった実現イメージの湧きやすい計画に落とし込むのがリーダーの仕事であり、腕の見せどころです。

いくら目標を立てても、一つひとつの具体的な行動に結びつかない限り、期待する成果を望むことは不可能です。目標をいかにやさしく楽しく計画し、スタッフをその気にさせてやらせるかを能動的に考えていくことが大切です。

課題に「優先順位」をつける

能動的に課題に向き合っていくことは、店長として大変重要なスタンスですが、たくさんの課題が山積みにされている場合、1度に

手をつけるわけにはいかないものです。
「スタッフの技術力に不安がある」「クレームが発生した」「チラシのデザインを考えなくてはならない」「最近、スタッフとのコミュニケーションがうまくとれていない気がする」「新商品のセミナーに出席しなくては」——こうした多くの課題のうち、どこから手をつけるかを決めることが必要となります。つまり、「優先順位」を決めるのです。大切なことに時間を割くほどの余裕がない、と言いますが、問題なのは時間ではなく、優先順位なのです。

優先順位は、課題の重要度、緊急度を考慮して決めていきます。ここで問題なのは「店長としての仕事の優先順位」です。店長として、やらなくていいことはやらない。人に振れることは振る。目標達成のために、どうしても店長としてやらなければならないことだけをやる。

そのために、「何をやらないか」を決めてしまうことです。今、自分でなくてもやれる仕事は何なのか。それを誰に振るのか——。

ここでは、自分がやりたくない仕事を人に振るのではありません。店長として本当にやらなければならない仕事を絞り込むのです。自分に求められていることは何なのか、常に仕事の本質を意識することが重要です。

解決策がサロンの風土に合っているか

課題解決に当たっては、その課題の重要

図1 接客成功事例シート

お客様名（　　　　　　）年齢（　）性別　女　男　職業（　　　　　　　）
状況：
（お客様または、スタッフ） ○○と言われた ○○と希望された
○○○に対応した
お客様反応： （お客様の意見、感じ方）
気づいたこと： （感じたことや、思ったこと、初めて知ったことなど）

度と緊急度に応じて優先順位を決める、ということについて触れましたが、ここで考慮しなければならない重要なことが、もう1つあります。それは、その解決策が、「自分たちのサロンに合っているかどうか」です。

「今月はこれに取り組もう」と、優先実行項目を決めても、長続きしなかったり、成果が出なかったりする場合、果たしてそのやり方が自分たちのサロンに合っているのかどうかを、改めて考えてみる必要があります。そして、より現実的で可能性の高い、別の手段をとっていくことが大切なのです。

このように、サロンの風土に合ったやり方で改善を続けていった事例を以下にご紹介します。

このサロンでは、かつて【図1】のようなフォーマットを使って、「お客様に喜んでいただいた接客の成功事例を集めよう」という取り組みを行ったことがありました。お客様に喜んでいただいた接客をスタッフ全員で共有して、接客のレベルアップに活かすことが目的でした。

お客様に喜んでいただいたときの対応を、スタッフ全員に提出してもらい、ミーティングのときにそれを検証する。こうした取り組みを続けていくうちに、このサロンのリーダーはあることに気づきます。

「ミーティングで、スタッフから挙がってくる事例を検証していると、『じゃあ、明日からどうするの？』と問いたくなるような事例が多いことに気づいたんです。接客のレベルアップという目的で始めたんですが、その場の自慢話とか、単なる報告に終わってしまって、明日からの行動にどう結びつけていいのか、スタッフにはピンと来ていなかったんです。いい意見があっても、うちのサロンはすぐには行動が伴わないことが以前からよくありました。だから、"具体的なアクション"に、もっとフォ

ーカスしたほうが、うちのサロンには合っているんじゃないかと思ったんです。そこで、フォーマットに『明日から始めること』という欄とか、『改善するためのトレーニングメニュー、新しいツール、プロジェクトチーム』という欄を加えました。こうすることで、以前よりも具体的にアクションが見えるミーティングができるようになったと感じています」

　こうして現在使用されているのが次ページの【図2】のようなフォーマットです。

　この話のポイントは、サロンのリーダーが「接客のレベルアップ」という目的をしっかり理解していたがゆえに、現状の問題点に気づくことができた、という「目的意識」があったこと。さらに、この取り組みの目的が達成され、自分達のサロンに合ったフォーマットに改良していった、という「改善意識」を持っていたということです。

　現状の解決策を実行して、成果が現れているかどうかを俯瞰してみる。その結果、自分たちに合っていないと感じたら、1度決めたやり方でも、進行状況を見据えながら、目標達成へ向けて臨機応変に変更していく。つまり、自分たちに合ったベストなやり方、解決策を常に模索していく意思が大切なのです。

信念と情熱を持って行動に徹する

　以上、店長として取り組まなければならない「能動的課題解決」について解説してきました。自ら積極的に課題を発見して対処していくことは、単なる思いつきやテクニックでできるものではありません。また、具体的な行動計画が立てられたからといって、すべてがスムーズに運ぶとも限りません。

　解決できるかどうかには、さまざまな障害や予期せぬトラブルが発生します。そういった難問に出くわしたとき、いろいろな角度から行動計画を見直したり、場合によっては根本的な原因にまで立ち帰って再度、スタートから出直さなくてはならないこともあるでしょう。

　その際、最も大切なのは、何が何でも解決するのだという「強い信念と情熱」を持ち続けることです。

「成し遂げる」という強い想いは、常にできる理由、成し遂げるための工夫を探る原動力となります。しかし、逆にその想いが弱い人は、できない理由を探し始めてしまうのです。

　リーダーとは、課題解決のプロフェッショナルです。課題解決へ向けての筋書きを熟知し、効果的、効率的に計画を進めていく「能動的姿勢」の大切さは、これまで解説してきた通りですが、その心構えの持ち方がいかに重要であるかについてもおわかりだと思います。

　リーダーは、自らの心の中の信念、情熱のスイッチをオンにするだけでなく、スタッフの心のスイッチもオンにしなければなりません。したがって、自らの信念、情熱を周りに波及させ、スタッフを巻き込んでいく影響力が、リーダーとしては大切な要素なのです。

図2

NO.3　定期的にストレートをかけられる。
相手の小さな気持ちに気づいて、その気持ちになってみよう。　提出日 4/27
（お客様の気持ちになりきる！）　氏名 ■■■■■

お客様名	■■■■■ サマ	年齢	20代	性別	㊛ 男	職業	

状況： 新規の方でストレート

○○と言われた： / ○○を希望された：
前処理をしている時に、「ストレートはよくかけるんですか？」と聞いたら、「3〜4ヵ月に1回かけてるんですけど前かけた所がすぐとれたみたいですぐクセがでてきちゃって。美容室をさがしてたら、ちょうどチラシが入ってきてみたんですよ。私クセが強いからやっぱりすぐとれちゃうんですかね？」と言われました。

○○○に対応した：
髪を手の平にのせてクセをみてみたら、新生部はクセが強く、前回他店でかけた所は、ゆるく大きなクセがでてて、きれいに伸びなかったんだなと思い、「せっかくかけたのにもちが悪いとやな気分ですよね。今日はしっかり伸ばしていきますね。」他気になる所はありますか？」と聞いた。

お客様の反応：（お客様の意見、感じ方）
「そうなんですよ。いつももちが悪くて違う所行ってみようと思っていて。気になるのは、前髪と顔まわりです。おねがいします。」と言われ「わかりました。頑張ります。」と言った。

気づいたこと： 感じたことや、思ったこと、初めて知ったことなど
自分が過去にやった人でもこうゆう理由で他店に行かれた方はたくさんいるのではないかと思いました。前の店にもいつも同じ所に行っていたけど担当者が同じだとスタイル変えたいと言っても結局同じになるからここに来てみた。というお客もいられました。新規の方が夕タ（多々）こうゆう話が聞けるので頭の中に入れて忘れないようにしていきます。

明日から、始めること。（改善するには、何を始めますか？）
いつもやっていてなれた技術でも終わってからどんなだったか担当者に聞いたりして技術の見直しをしてもっと向上できるようにする。

改善する為のトレーニングメニューや、新しいツール、プロジェクトチームは、ありますか？
最近、相モデルでアイロンをやっていないので上の人の頭をやらせてもらって、不快じゃないか聞く。

Chapter 11

優秀なリーダーが育つ「未来へ向けられたモチベーション」を育む手法

この章では、優秀なリーダーを育てるために必要なモチベーションをテーマに、1人の技術者からお店を率いる店長へ役割を変えていくために必要な「未来へ向けたモチベーション」の育み方について、キャリアシフトを想定した「キャリアステージ」の解説を加えながら説明していきます。

CAREER SHIFT

キャリアシフトで強くなる

chapter 11

優秀な店長を育てるためには「未来へ向けられたモチベーション」が必要

　優秀なリーダーを育てるためには、リーダーとして身につけておくべき能力を、サロンが明確に示してあげることが大切です。その能力として「スタッフやお客様の"変化"に気づく能力」や、「与えられるのではなく、自ら課題を積極的に発見して、解決していく能力」についての重要性は、前章までに解説してきた通りです。

　ところが、こうした能力はリーダーになって急に身につけられるかというと、なかなかそういうわけにはいきません。こうした能力は、アシスタント時代、スタイリスト時代から、「将来はリーダーになるんだ」という強いモチベーションを持つことで育まれていきます。未来の"なりたい自分"を意識して、日々のサロンワークに臨む中で、リーダーとして必要な能力を着実に身につけていく。この「未来へ向けられたモチベーション」が、優秀なリーダーになるための源といってもよいでしょう。

　しかしながら、「うちのスタッフはモチベーションが高いんです」というサロンでも、それが「今、目の前の仕事に対するモチベーション」だけに終始していることが多々見受けられます。「お客様と話が盛り上がるのが楽しい」「お客様に喜んでもらうのが楽しい」──もちろん、こうしたモチベーションも大切ですが、それが優秀な"プレイヤー"になるためのモチベーションで終わってしまっていては、優秀な"リーダー"は育ちません。モチベーションは、「今、目の前の仕事」に対してのみ向けられるのではなく、数年先の未来に対しても向けられていることが、リーダーが育つためには重要なことなのです。

　この本のテーマでもある「キャリアシフト」について、そのエッセンスをひと言で述べるとするならば、それは「早い段階から未来を意識させること」──これに尽きます。優秀なリーダーが育つ背景には、必ず「未来へ向けられたモチベーション」があります。

　この章では、その「未来へ向けられたモチベーション」をサロン内で育んでいくための手法について解説していきます。

未来が見えないサロンで陥りがちなケースとは？

　全体的にモチベーションの高いサロンでも、各スタッフがこれから自分はどんな道を歩んでいけばよいかが見えていないことがあります。このサロンで働くことでどんな将来が待っているのか、どんな自分になれるのか──。つまり、「未来」が見えないのです。それが細かい不満や全体的に今ひとつに乗り切れない結果につな

がっている可能性があります。

　実際に、私どもではサロンスタッフに対して、将来のキャリアに関するアンケートをとることがあります。例えば、「会社でこの先やりたいことがありますか？」という質問に対しては、入社1～2年目の社歴の浅いスタッフには、特に以下のような回答が多く見られます。

●ケースその1：「わからない」

　このようなケースは、将来なりたい自分がまだ明確に描けていません。見えているのは、とりあえず目の前の仕事だけ。一所懸命に日々のサロンワークをこなしてはいますが、仕事でちょっとつらいことがあると、愚痴や不満がポツポツと出てくる…。さらには、目の前の現実から逃げ出してしまう人も出てきます。山登りに例えるなら、目指すべき頂上がどこにあるのかまったく見えておらず、足元はひたすら苦しい現実が続いている——そんな状態です。目指すべきものがハッキリしていないため、今の現実を乗り越えるモチベーションが働かないのです。

●ケースその2：「まずはスタイリストになる」

　スタイリストになる、というのはまずは当面の目標です。しかし、こうしたケースでは、いざスタイリストになった途端、目指していたものが達成されたことで安心しきってしまう。いわゆる「燃え尽き症候群」です。その結果、日々のサロンワークを惰性で過ごすようになってしまいます。

　こうした先輩が、その下のアシスタントにとって目指すモデルとなるはずがありません。その結果、社歴の浅いスタッフにとっては、すぐ先のモデルとなるスタッフが不在になる、ということも起こりがちなケースです。

●

　このように、明確なキャリアイメージが提示できていないサロンでは、優秀なリーダーは育ちにくいといえます。アシスタント時代から「リーダーになりたい」という意識を育むための取り組みは、これまでもお伝えしてきました。しかし、大切なのは、目指すべきキャリアへはどんな道筋でそこへ到達できるのか、というキャリアプランをサロンとして鮮明に提示することです。

　サロンに入社して、この先どうやってキャリアを積んでいくべきかを、今以上にハッキリと見せること。いきなり頂上を目指すのではなく、一合目、三合目、五合目、七合目…といった具合に、途中のプロセスを示してあげることが大切なのです。

　キャリアプランを体系化するポイントは、以下の3つです。

①キャリアステップの明確化
②仮想キャリアシフトモデルづくりと先輩スタッフのモデル化
③キャリアシフトのためのアクションプランの具体化

●

①キャリアステップの明確化＝キャリアプランを体系化する

　上記で触れた「キャリアステップの明確化」とは、「アシスタント⇒アシスタントリーダー⇒ジュニアスタイリスト…」というように、キャリアシフトの基本的な道筋を明確に見せることです。ここ

図1

みちすじ

「まだまだ先は長いな」と思うか、「なーんだこんなもんか」と思うか。
受け取り方は人それぞれだと思いますが、成長していくために、「やるべきこと」は明確です。
あとはやるだけ。店長を目指すのでなく、その先、独立するもよし、
今後ますます大きくなっていくために本部のスタッフとして、現場を離れて、広告や教育の仕事に専念するもよし、
一生サロンに立ち続け、アートディレクターとして活躍するもよし、
とにかく大きな目標を持って仕事を楽しんでください。

```
入店 → アシスタント → Jr.スタイリスト → スタイリスト ─┬→ カラリスト → Sr.カラリスト ─┐
                                                      │                              ├→ 店長 ─┬→ FC店 独立コース
                                                      └→ トップスタイリスト ─────────┘         ├→ 本部スタッフ
                                                                                              └→ アートディレクター
```

- アシスタント必修項目合格
- スタイリスト必修項目合格
- 個人技術売り上げ70万円以上(3か月連続)／新規再来率40%以上(3か月連続)／全体の再来率70%以上(3か月連続)／店長の推薦
- カラリスト必修項目合格／個人技術売り上げ100万円以上(3か月連続)／個人ヘアカラー比率50%以上(3か月連続)
- 月間指名数250名以上／所属店舗のヘアカラー比率50%以上(3か月連続)
- 個人技術売り上げ120万円以上(3か月連続)／新規再来率45%以上(3か月連続)／全体の再来率75%以上(3か月連続)
- (スタイリスト・カラリスト共通)社長・前任店長の推薦

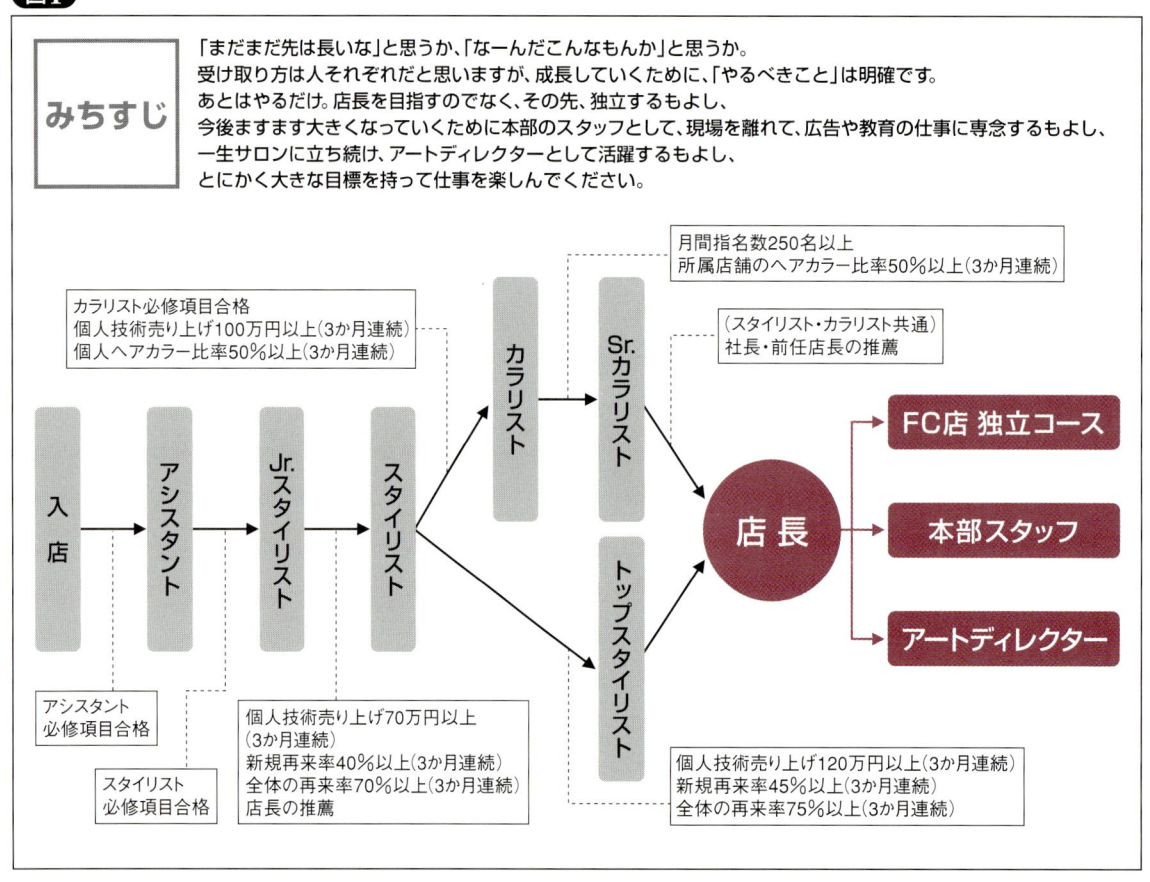

では、まず全体像を見せることが目的です。したがって、まず現在のサロンにおけるキャリアステージとして考えられるものをすべてリストアップします。

ここでいうキャリアステージとは、サロンにおける職種のこと。例えば、店長、スタイリスト、アシスタント、レセプショニストといった職種を指します。まずは、自サロンにおいてはキャリアステージとしてどのようなものがあるか、さらにそこからどのようなキャリアステージへ進める可能性があるのかをすべて列挙し、線で結んでいきます。

②仮想キャリアシフトモデルづくりと先輩スタッフのモデル化

次に、その道筋を歩んでいくためのプランを複数案提示し、キャリアとして歩んでいくルートを具体的にイメージさせます。例えば、店長になるためには、アシスタントからスタイリストを経て、店長になるというケースに限らず、スタイリストからカラリストを経て店長になれるといったように、あるキャリアステージに達するための道が必ずしも1つではない、という選択肢を複数示すのです。

さらに、そのプランに近いキャリアをたどってきた幹部スタッフを当てはめ、その成長の過程を紹介することで、実在する先輩をこれから目標とするモデルにしていきます。

③キャリアシフトのためのアクションプランの具体化

加えてその次に、その道筋を進んでいくため

	1日当たり客数	新規定着率 （6か月以内）	能力基準	
			テクニック	コミュニケーション
ジュニアスタイリスト	〜7人	定着率 30%	・得意なお客様をつくる ・時間意識を持つ ・アシスタントへの的確な支持	・客層に合った会話力 ・個別提案力アップ ・ニーズ把握アップ
スタイリスト	8〜15人	定着率 30〜50%	・客層の幅を広げる ・デザインの幅を広げる ・髪のケアアドバイス	・お客様をリードする ・苦手客層へのチャレンジ ・イメージを短時間で絞り込む
トップスタイリスト	16人〜	定着率 50%以上	・客数マックスへの挑戦 ・飽きさせないスタイルの提案 ・来店サイクルのコントロール ・各スタッフの特徴を理解し、店内の流れを考えた指示	・お客様のあこがれになる ・短時間接客での満足度アップ ・ヘア以外での提案、会話力アップ

に「何をどのくらいするべきか」を明示します。つまり、各キャリアステージに応じたテーマや、テクニックレベルや、求められるコミュニケーション能力、また達成すべき売り上げ、客数の基準を明確化します。

上記①、②と合わせてこれを明確にチャート化した例が前ページの【図1】です。

このようにしてキャリアプランの全体像が描けたら、キャリアの最終ゴール一つひとつについて、個別の仕事像をより具体化していきます。例えば、将来独立したい、という道を歩きたいスタッフに対しては、独立までのストーリーをより鮮明に描けるように、以下のような点を明確にするのです。

①このコースに向いている人はどんな人か？
②ゴールまでの道筋となるモデルコースとしてどんな道筋があるか？
③通過点となるキャリアステージに到達するまでの年数、及びゴールに到達するまでの年数は？
④実際に、モデルコースを経てゴールに到達で

きた先輩スタッフにはどんな人がいるか？

こうしたポイントを踏まえることで、未来のゴールまでの道筋が、より現実味を帯びたものになってきます。

キャリアステージに到達するための基準を明確にする

次に、キャリアステージごとに求められる条件を、さらに細かく具体化します。例えば、上記のような基準表を用意します。ここに示した項目だけでなく、例えば、「能力基準」の項目に「メニュー提案力」や「アシスタントに対する教育」などを付加するのもよいでしょう。こうして、どんな条件をクリアすればよいが鮮明になります。自サロンでもぜひ作成してみてください。

キャリアプランをサロン内で説明する際、特にスタッフに理解して欲しいポイントは2つあります。1つ目として、いずれの道筋を選ぶにしても、必ず店長を経験してもらう、ということ。店長という仕事は、人と関わって仕事を推進するために必要な要素をすべて含んでいます。したがっ

図2

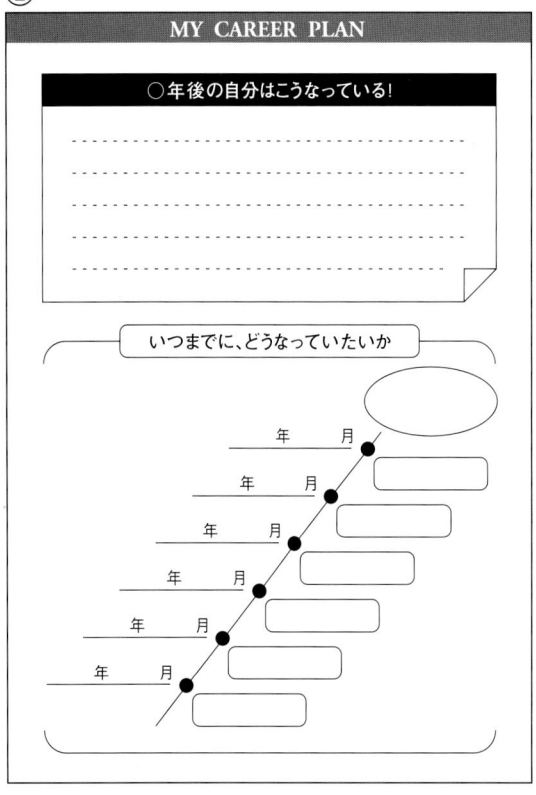

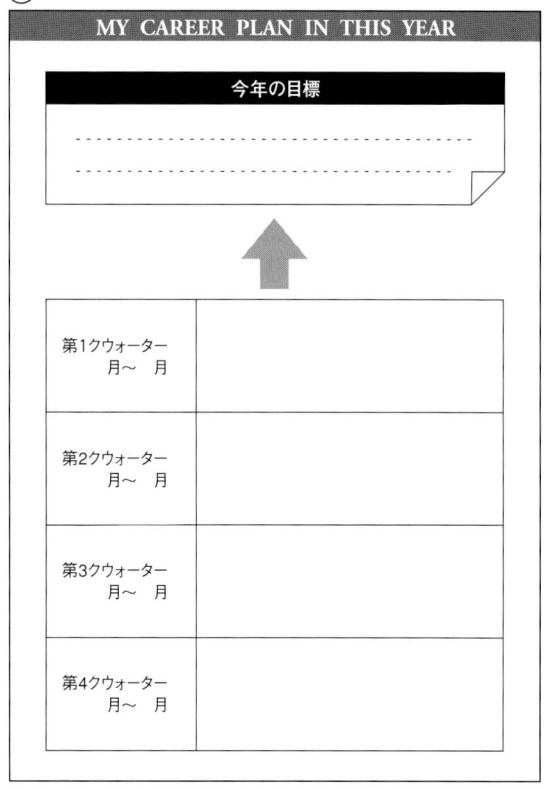

① MY CAREER PLAN
○年後の自分はこうなっている！
いつまでに、どうなっていたいか

② MY CAREER PLAN IN THIS YEAR
今年の目標

第1クウォーター 月〜 月	
第2クウォーター 月〜 月	
第3クウォーター 月〜 月	
第4クウォーター 月〜 月	

　て、すべてのスタッフがまずは店長を目指して欲しい、ということを、会社からのメッセージとして明確に伝えることです。

　さらに、もう1つのポイントは、スタイリストや店長といった節目のキャリアが、ゴールではないということを、スタッフに理解してもらうことです。アシスタントからスタイリストになって現状に満足してしまっている人にも、スタイリストの上にはトップスタイリスト、さらにその上には店長、というように、今のキャリアステージの先にさまざまな道があることを理解してもらうこと。店長以外にも、独立の道や、一生サロンに立ち続けてアートディレクターとして活躍するという道があることなど、複数の可能性を提示してあげるのです。そうすると、スタイリストになることがゴールではなく、通過点だということを自覚し、新たな目標にチャレンジしていくモチベーションが湧いてきます。

　目標がなければ、毎日の仕事はただ時間だけが過ぎていくだけで、いつしか頭を使わない「作業」になっていきます。そこにやりがいを見つけることはむずかしいでしょう。しかし、キャリアプランを理解して、未来の目標を持つと、同じ仕事をこなしていても、将来を意識した仕事の仕方になります。

　その意識で仕事に臨むことで、自ら改善点を発見したり、改善するための創意工夫が生まれたりして、常に仕事のクオリティを上げていくことができるようになるのです。

　あるサロンでは、こうしてまとめたキャリアプ

③

TODAY LESSON REPORT

LESSONテーマ：

担当講師：　　　　　　　　月　日（　）

［本日のポイント］

［LESSON内容］

［感想］　　　　［本日の課題］

難易度 ☆ ☆ ☆ ☆ ☆

ランを、「会社の歩き方」という1冊の小冊子にして入社時に配布しています。

入社の時点から、なりたい将来像を明確に描いてもらうことで、目の前の仕事に対するモチベーションだけでなく、「未来へ向けられたモチベーション」を醸成しているのです。

マイ・キャリアシフト・バイブルの作成

先述した、「キャリアシフトのためのアクションプランの明確化」を実践していくためのツールとして、「マイ・キャリアシフト・バイブル」をご紹介しましょう。

「マイ・キャリアシフト・バイブル」とは、各スタッフのレッスンの成果や成長のスケジュールなど、そのスタッフのキャリアシフトに関するすべてを1冊のファイル（ルーズリーフなど）にまとめたものです。

●

実際にあるサロンで使用している「マイ・キャリアシフト・バイブル」は、以下の3種類から構成されています。

①なりたい自分になるまでの計画表（キャリアプラン）
②年間計画表（イヤープラン）
③レッスンごとのポイント（デイリーチェック）
　※【図2】参照

まず①を最初のページに、②は毎年積み重ねていき、③はレッスンごとに日々記入しファイルしておきます。

①については、具体的に年月までを指定して書くようになっています。いついつまで、という目標を明確に持っているスタッフはほとんどいないかもしれませんが、まずはとにかくなりたいイメージと、その期限をいったん紙に書いてみることです。その目標を「年ごとの目標」「月ごとの目標」「日別の目標」というようにブレイクダウンしていきます。

こうすることで、

1. 頭でぼんやり描くのではなく、実際に書いてみることで、将来イメージが明確になる
2. 自分のしてきたレッスンが積み上がっていくことが視覚的に実感できるため、達成感と次の目標をやり遂げる意識が生まれる
3. 直属の店長やスタイリストだけでなく、他店のスタッフも「マイ・キャリアシフト・バイブル」を

見れば、そのスタッフが何を目指していて、どこまでできるのかが把握できる

　　　──といった効果があります。

実在する先輩スタッフがリアルなモデルに

　何よりも、日々の技術練習が積み上がっていったときに、その「マイ・キャリアシフト・バイブル」が、そのスタッフにとっての「バイブル」になることが大きいのです。「マイ・キャリアシフト・バイブル」を、行き詰まったときに時々振り返ってみる、つまり「精神的支柱として活用する」ことの重要性をスタッフに説得していくことが必要です。

　また、この例では特に技術的要素にフォーカスしていますが、本書でお伝えしているような「リーダーとして必要な能力」の項目を付加することで、よりリーダーシップを意識した「バイブル」として活用できることでしょう。

●

　以上、「未来へ向けられたモチベーション」のための手法をいくつか解説しました。ここで紹介したキャリアプランが絵に描いた餅で終わらないために、実在する先輩スタッフを身近なモデルとしてリアルに感じてもらうことが大切です。ぜひ、みなさんのサロンでも実践してみてください。

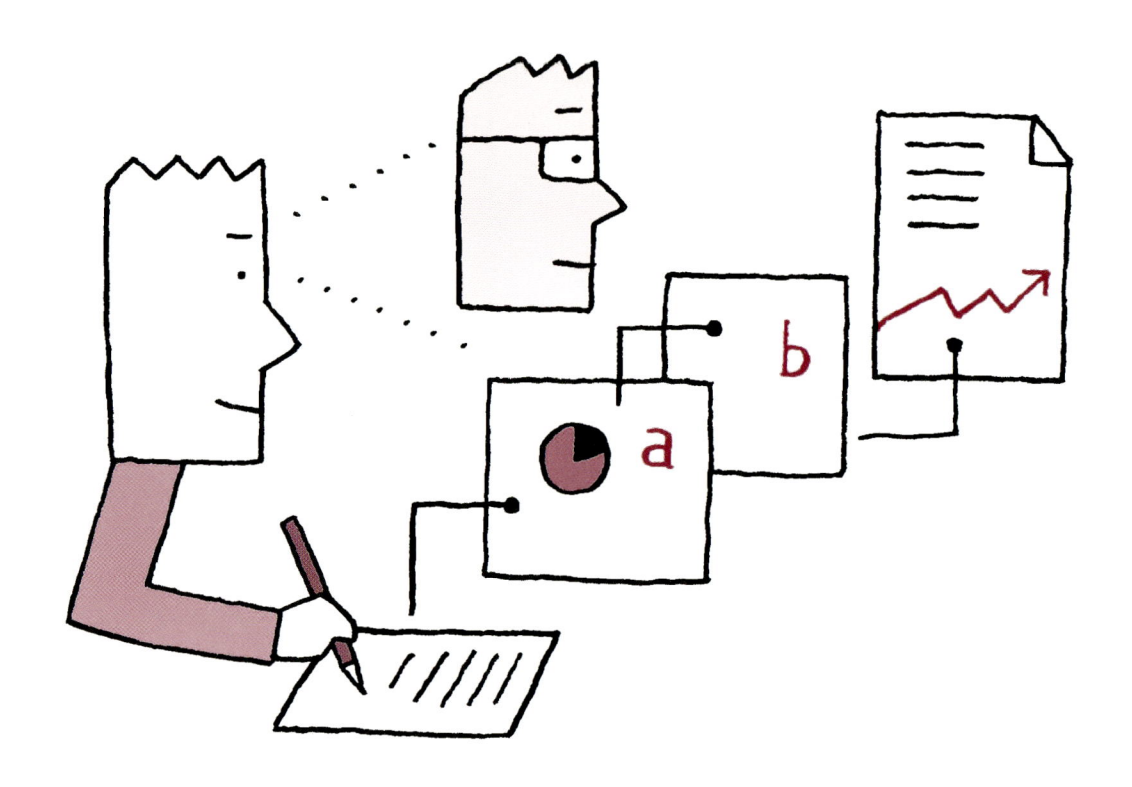

Chapter 12

模範となる"実在モデル"を育てるための「常に考える」風土づくりのポイント

将来に向けた視野を含む長期的なモチベーションを育む方法について解説してきた前章を受け、この章では、そこから1歩進んで、未来へ向けられたモチベーションをスタッフに抱かせる存在となる、"実在モデル"をつくるポイントがテーマ。美容師として、そして先輩として尊敬できる"モデル"を育てるために必要な「常に考える」風土など、具体的な例を挙げながら解説していきます。

CAREER SHIFT

キャリアシフトで強くなる

chapter 12

優秀な店長が育つサロンの共通点は、「常に考える」風土をつくっていること

モデルをつくるための「常に考える」風土づくり

　経営者の方からよく挙がってくる意見として「**うちのサロンには、なかなかモデルとなる人材がいないんです**」という声があります。

　サロン内で発生する問題を自分から発見して、みんなを引っ張って解決にあたるような、リーダーシップを備えた人材の不足に頭を悩ます経営者は決して少なくないのです。

　「モデル不在」という問題は、何も経営者の方だけに限った悩みではありません。若いサロンスタッフから、「尊敬できる先輩が身近にいない」という声を聞くこともあります。そのような意識のスタッフに、サロンで将来どうなっていきたいかと聞いてみても、あまり前向きな答は返ってきません。このようなムードで、果たして次世代を担う優秀な人材が育つといえるでしょうか？

　モデルがいない、というサロンは、まず認識しなければならないことがあります。それは、「**モデルはつくることができる**」ということです。優秀なリーダーは、自然に育つのではありません。優秀なリーダーが次々と育つサロンでは、リーダーを育てるための布石が、サロンのいたるところに打たれているのです。

　リーダーが育つサロンには、ある共通点があります。それは**明確なサロンの軸を中心に「常に考える」風土をサロン全体でつくっている**ということ。一つひとつ指示されて動くのではなく、ある明確な価値観の下に、自らやり方を考える、工夫することの重要性を、日頃からスタッフ全員に徹底的に落とし込んでいます。

自ら考えて動く！次世代リーダーが育つ風土とは

　例えば、とあるサロンでは、スタッフが不足していつもお客様をお待たせしている、という問題を抱えていました。そこで、人材獲得を強化するため、「サロンの考え方に共感してもらうための『入社案内』をつくって、各地の専門学校に置いてもらおう」という話になったのです。

　そのときに、ある若手の男性スタッフの1人はこんなことを考えていました。

「入社案内を読む人は、専門学校生がほとんどだろう。だから、彼らと年齢があまり離れていない若手スタッフを中心に入社案内で紹介してみたらどうだろう。この会社に対して、仕事に対して、若手スタッフはこんなこと考えていますよ、という内容をたくさん散りばめてみよう。学生さんたちと歳があまり離れていないスタッフだから、きっと共感してくれることも多いだろう。『こ

の人たちと一緒に仕事をしたい』という人が、必ず出てくるはずだ」

　そう思ったそのアシスタントは、オーナーや店長から特別な指示があったわけでもないのに、「各店舗の若手スタッフにインタビューをさせてもらえませんか」と言ってきたのです。その質問項目は実に23項目に上りましたが、すべて自分で考えて、どの店舗のどのスタッフをいつ回るかというスケジュールまで決めて、店長に相談してきたのです。

　そうして、わずか3週間弱という期間で、彼が中心になってつくった入社案内は完成しました。

　これは、オーナーや店長が普段から、スタッフに**「常に考える」**というクセづけを行っていたことが大きな要因です。まず、オーナーが大きな方向性、サロンとして軸になる考え方を示します。自分たちのサロンが目指すもの、お客様に対する考え方、スタッフに対する考え方。それを徹底的に、毎日店長に伝える。店長は、それを自分の言葉で噛み砕いて、スタッフに発信する。それを受けたスタッフが、現場の視点でアイデアを上にぶつける。つまり、**サロンとしての「考える軸」が、トップからスタッフまで、まったくブレることなく貫かれており、自ら考えて行動をとる際の基準になっている**のです。

　今回のサロンの例で説明すると、入社案内を読む側の気持ちになる、ということが明確な軸としてありました。何に最も重点を置いて考えるべきかという軸が、サロン内で統一されており、日々の仕事においてもその軸を外さない限り、オーナーは細かい現場レベルの指示をしないようにしています。**基本的な軸さえブレなければ、何をやってもOK**、という風土が明確につくられています。そうした風土が、自分で考えて自主的に動くことのできるモデルをつくる土台になっているのです。

サロンの軸の中心になるものとは？

　それでは、その「軸」と成り得るものとはどういった考え方なのでしょうか。ポイントとしては、**"顧客志向"という考え方を押さえている**ことです。サロンからよく挙がってくる問題として、「あの人は技術者としては一流なんだけど…」という声があります。技術者として一流の人は育っても、リーダーとなり、モデルとなるような人がなかなか育たない、というわけです。このような悩みの背景にある共通点は、アシスタント時代に技術を向上させることが関心の中心になってしまっている、ということ。また、リーダーも、技術指導のほうがアシスタントのモチベーションを上げやすいがために、技術に重きを置いて教育してきている、ということ。つまり、考えの軸が技術志向になってしまっているのです。

　アシスタント時代から"顧客志向"という軸を持ち、現場の中でも先輩のアシスタントでなく、お客様のアシスタント（＝支え）としての自覚を持って働いているかどうか。このような軸をしっかりと持つことが、モデルづくりの最大の要素となってくるのです。

モデルがモデルを呼ぶ！
自主性のある風土の波及効果

　ちなみに、先ほど紹介したサロンの「入社案内づくり」には、思いがけぬ副次的効果がありました。その入社案内で登場したスタッフは、6人の若手が中心でしたが、その中には入社半年のアシスタントも含まれていました。実は、この6人のスタッフは、入社案内に掲載されたことがきっかけになって、**自分たちが新しく入社してくる人たちの手本になっていかなければならない、という自覚**が芽生えたのです。

　この入社案内を見て入ってきてくれたスタッフに、自分がどう見られているかということを考えると、決して恥ずかしい仕事はできない。そういった人たちのモデルにならなければ、と入社半年のアシスタントさえもが考えました。

　入社半年のアシスタントに、一人前の仕事はまだまだできません。しかし、自分たちのサロンが大切にしているマインドを継承できると、オーナーや店長が判断できたなら、どんどんスポットライトを浴びる機会を与えています。入社案内づくりという取り組みにあたって、率先して手を挙げたスタッフだけでなく、そこに幾人ものスタッフを巻き込んでいく。こうして、サロンのモデルとなる可能性を波及させていくことが、次世代のリーダーを育てるために非常に大切です。

軸となる基本的なスタンスを
早い時期から徹底させる

　では、このような「モデルづくり」というテーマにおいて、現在、現場の店長としてサロンをマネジメントしている方が実際にどのような教育を受け、育ち、サロン経営に活かしているのでしょうか。

　今回は愛知、岐阜を中心に4店舗を展開する『HAIR MAKE fleur 木曽川黒田店』の店長である林まどかさんにお話を伺いました。

　林さんは、非常に気遣いがマメな方です。人のさまざまな動作や表情に敏感で、「気づく」という能力に非常に長けています。また、話す際も相手の呼吸に合わせるのが上手で、相手に安心感を与える雰囲気の持ち主です。

　そんな林さんは実際にどのように教育を受け、何を感じてきたのでしょうか？

　林さんにとっての美容師人生の1つ目のターニングポイントは、入社と同時に突然訪れました。当時入社したサロンの店長との出会いです。「当時の店長は、非常に厳しい方でした。よく意見もぶつかりましたし、しょっちゅう怒鳴られたりもしました。それでもついて行こうと思ったのは、技術が優れているのはもちろんでしたが、何より、美容に対する思いがとても強く、そこに惹かれたというのが1番の理由です。

　当時の店長が口グセのように言っていたことは、『**お客さんのためには…**』という言葉が必ずと言っていいほど文頭についていました。それだけお客様のことを中心に考えている方でしたし、実際にその行動はとても見習うべき点が多かったです。ですので、私自身もすべてを吸収してやろうと思い、厳しいことを言われても、ずっと横

にくっついて、嫌がられるくらいいろいろ聞き続けてやろうと思っていました（笑）。今の自分があるのは、その時の経験があるからだと思います」

●

アシスタント時代、特にこのように早い時期から美容師としての考え方を教え込むことは、例えば子供の躾は3歳までが大きいと言われているのと同じように、その人の今後の美容師人生を左右するといってもよいでしょう。

そしてその店長の姿は、林さんのあり方にも大きく影響を与えたのです。
「厳しくも尊敬できる先輩に出会ったことで、その先輩だけでなく、お店に対する考え方も変わってきました。お客様のことを考えると、個人としての動きでは限界があるので、サロンとしてどう動くべきかというような意見を少しずつ出すようになりました。

そんな中、スタイリストになったと同時に、別の店舗に異動となりました。当然、店長も変わりました。そのときから、前の店で学んだことをもとに、今の店に必要なことは何なのか、そして

私だったらこうするといったことを考えるようになりました。お店のことはもちろん、後輩についてもいろいろと…。それでも、やはり考えの根底にあったのは、『お客様のためには…』という、あの言葉でした。なので、下の子に指示を出すときでも、ついつい同じことを口グセのように言っていたかもしれませんね（笑）」

店長として、誰から何を吸収すべきか

このように、先輩の意思をしっかりと引き継いだ林さん。ちょうどそのとき、新しく変わった店の店長が辞めることとなり、店は店長不在の状態になりました。そこで、林さんが事実上、サロンをまとめる側に立つことになりました。今まで考えを受け取る立場だったのが、今度は考えを伝えていかなくてはいけなくなったのです。初めのうちはやはり悩むことも多くありました。では、どのようなことで悩み、また、どう解決していったのでしょうか。
「店長が辞めて、実質、私がサロンをまとめていく立場になったわけですが、最初に悩んだこと

chapter 12

は自分の理解者がいなかったというところです。まだまだ私自身、気持ちを伝えられていなかったということや、特に下のスタッフとのコミュニケーション不足といったところでとても悩みました。

実は、最初の店長も下のスタッフとのコミュニケーションはあまり得意なほうではなく、今までモデルとなるような人がいなかったんです。

そのようなことで悩んでいるとき、私より少し年上の女性が新たに入社しました。非常に笑顔が素敵な方だったのですが、この方のコミュニケーション能力は本当にすごかったです。誰とでもすぐに打ち解け、自分からどんどん周りに話しかけていました。この人をモデルにしない手はないということで、話しかけ方や表情、話し方などいろいろ見て研究し、真似をしました。そのおかげか、少しずつながらスタッフとの距離も近くなり、考えが浸透するようになってきました」

考えを伝えていく立場にあっても、**自分に足りてないと思うものは、素直にスタッフから吸収する**。そして、そのよいものを吸収しようという姿勢が、スタッフにもよい影響を与える結果となったのでしょう。

このように、常に何かを取り入れようと貪欲な姿勢を見せる林さんですが、他にもいろいろな取り組みをされてきました。

「お店をまとめるようになってから、さまざまなことに取り組みました。今までのお店の成績から個人の成績まですべて揃え、伸び率などを改めて洗い出して、とにかくイチから店を見つめ直すようにしました」

このように、地道なことからしっかりやった結果、周りの評価も得て、現在の「木曽川黒田店」の店長として異動することとなりました。実際に店長という立場になって、林さん自身どのような変化があったのでしょうか。

「率直なところ、店長にはなりましたが、自分自身"店長"ということに対して特別、意識はしていなかったように思います。ただ、常に**"今の自分がいなくなっても大丈夫なようにする"**ということを目標にやっています。

そのために、とにかくスタッフに自主性を持たせ、何か意見などが出てきたら頭ごなしに否定せず、まずは受け入れるようにしています。現場について考え、疑問を持ち、意見を出すことが重要だと考えているからです。

また、アドバイスや指導をするときはいちばん下のスタッフからではなく、1つ上の先輩から必ずするようにしています。個人プレーでなく、チームとして動くという意識を全員が持つため、そして上下間のコミュニケーションのために、このようなことに気をつけています。

チームとしての意識という面では他に、ミーティングなどでも気をつけるようにしています。数字の話をするときでも、アシスタントを交え全員で話をするようにしています。初めのうちはわからないこともあるかもしれませんが、早い時期から目標としているものの現状を肌で感じ、お店の状態を把握することはとても有意義だと

考えています。そのため、数字といった厳しい側面や、問題が発生して怒ったりするところも見せるようにしています。ただ、スタイリストのプライドに関わることや、個人の問題に関しては周りには見せず、本人を傷つけないように最も気を遣っています。こうして、自主性を持たせたり、チームとして動いたり、現場感覚を身につけるといったことを早い時期から意識させられるよう、もっと徹底していきたいですね」

さらに、林さんは以下のように話を続けます。
「今の自分がいなくなっても大丈夫なようにするということは、今、自分が持っているものをすべて教えるということになります。ただし、スタッフがすべて吸収してくれたとき、飽きられてはいけないと思っています。そこで、自分も周りに目をやり、さらに吸収して、スタッフがすべて吸収したときには、成長した新たな自分が見せられるようにいつも意識しています」

●

以上、『HAIR MAKE fleur 木曽川黒田店』店長の林まどかさんのお話を紹介しました。
"実在モデル"をつくり上げるうえで重要となってくるのが「常に考える」という風土。そしてそれにサロンとしての考えの「軸」を1本通してあげることで、しっかりと根付く風土となるのです。あとはその軸に沿った行動を、できるだけ早い段階から先輩が背中で見せながら、言葉で伝えていくこと。そして何より、リーダー自らが、下のスタッフ以上に危機感を持って吸収しよう、成長しようという姿勢を持つ。それこそが風土を底から支える「サロンのモデル」としての原動力なのです。

MEMO

Chapter 13

「店長」から先の未来像をつくる店長自身のキャリアシフト

この章では、「店長」という役割の先にある、店長自身のキャリアシフトについて解説していきます。具体的には、店長の先にどのような選択肢とサポートシステムがあるのか、"コース別"の例を挙げながら整理していきます。

CAREER SHIFT

キャリアシフトで強くなる

chapter 13

「独立」だけが店長の先にある"明るい将来"を獲得する手段ではない

　この章では「店長」という"役割"の先にある、店長自身のキャリアシフトについて、どのような選択肢とサポートシステムがあるのか、整理しながら解説していきます。

　前章まで、サロン内における人材像づくりについて解説してきました。特に、店長はスタッフにとって憧れとなるような存在でなければなりません。後輩たちは、店長の背中を見て育ちます。それゆえ、店長が後輩にどんな背中を見せてあげられるかが、後に続く人材の成長に大きな影響をもたらすのです。

　それでは、そういった店長は、店長から先に続く自分自身のキャリアに、どんなビジョンを描いているのでしょうか？　後輩に背中を見せる存在である店長は、いったい誰の背中を見て育っていけばよいのでしょうか？

　実際、これから10年、20年先に、自分がどんな人生を歩んでいるか、というビジョンを明確に持っている美容師は、ほんのひと握りです。ほとんどの美容師は、自分の将来について漠然とした不安を持っています。

「自分はずっとこのままスタイリストとして働いていくのか？」

「今は身体が動くからいいが、年齢を重ねていくうちに、今の労働条件、給与で本当に生活できるのか？」

「十分な収入を得るためには独立するしかないのか？」

「本当に独立して成功できるのか…」

　店長になってから「先」の未来を描くこと、すなわち例えば40歳代、50歳代になっても、この業界で活躍しているというビジョンが持てるかどうかは、店長に限らず、美容業界で働くすべてのスタッフにとって非常に重要なテーマであるといえるでしょう。

　そこでこの章では、「店長」という仕事の先にある、店長自身のキャリアシフトについてお伝えしたいと思います。

店長の先にあるキャリアの選択肢を、示してあげていますか？

　まず、みなさんのサロンのスタッフは、美容師としての将来をどのように思い描いているでしょうか。

　以前、当社ではあるサロンのスタッフを対象に、将来のキャリアに関するアンケートを実施したことがあります。その結果は【図1】の通りです。

　このサロンは、スタッフのチームワークもよく、営業している地域ではトップクラスの人気のあるサロンです。それにもかかわらず、全スタッフ

図1

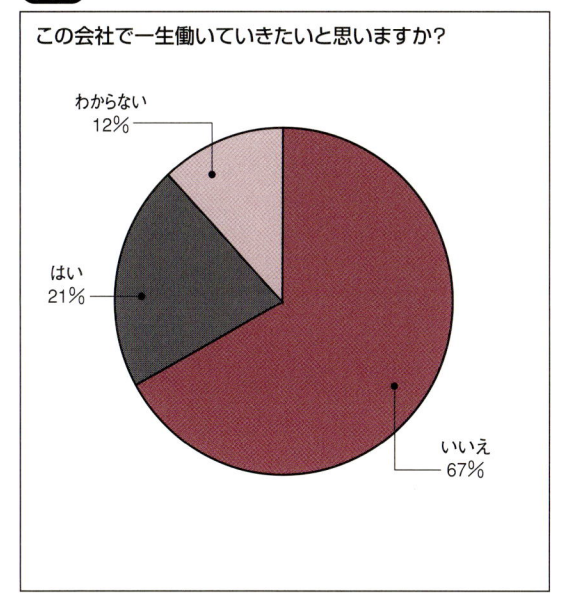

この会社で一生働いていきたいと思いますか？
- わからない 12%
- はい 21%
- いいえ 67%

の約7割は、「このサロンでずっと働こうとは思わない」と答えています。

店長クラスだけに限ってみるとどうでしょうか。現状の仕事については、「楽しい」とほぼ全員が感じていながらも、「この会社で一生働こうと思う」と答えた店長は、全体のおよそ半数。残りの半分の店長は「いずれは独立したい」といった回答をしています。

「店長」というポジションまでいくと、次は「自分の城を持つこと」が大きな目標となってきます。独立という目標があるからこそ、日々の仕事にも頑張って取り組める…というのも、確かに一理あるでしょう。

しかし、美容師として明るい将来を獲得するためには独立するしかない、と感じている店長がいるとしたら、サロンにとっては大きな問題です。そのようなサロンでは、店長になるまでのキャリアしか明示できていないケースがほとんどだからです。そのために多くの店長が、「サロンが自分の将来を保証してくれないのなら、自分自身で生きていこう」と考え、納得のいく収入を得るために退職⇒独立という道を歩むことになるのです。

独立以外にも、道はあります。例えば、店長が独立という道を選ばずに、経営者の右腕となって、後輩の育成と会社の成長のために活躍し続けてくれることも、1つの選択肢です。つまり、店長の先にあるキャリアの選択肢を、サロンが示してあげているか、ということです。「こんな道もあるんだよ」という複数の選択肢を、サロン自ら常に示し続けることです。

この業界、この企業の中で、スタッフが長い間働いていても安心できるシステムづくりこそ、スタッフに夢を与えるために必要なことなのです。

●

店長の先にある未来像としての方向性は大きく分けて3つ挙げられます。

①未来のオーナーになる
②技術を極め、伝承する
③経営のブレーンになる

ここに示した3つの方向性が当てはまるサロンの規模は、店舗数が3店舗以上で、各店を束ねる本部機能が必要な会社を主にイメージしています。

しかしながら、小規模のサロンにおいても、まずこうした方向性を整理しておくことは、サロンとスタッフが長期的な関係を築いていくうえで非常に重要です。

たとえ個人サロンであっても、スタッフが独立するまでの限られた期間のつき合いではなく、そこで働くスタッフと一生つき合える関係を築

いていって欲しい。美容師同士、いくつになっても美容と共に、そして「会社」と共に、夢を追いかけて生きていく人生と、「生涯の仲間」をつくっていって欲しい──というのが、私たちの思いです。

そのためには、10年先、20年先における、スタッフとサロンとの「未来の関係性」をビジョンとして提示してあげることが大切なのです。

独立することだけが最終ゴールではありません。このサロンで、生涯の仲間として、同じ方向に向かって共に成長していくことができる。そんな可能性を示してあげることは、サロンの規模を問わず、大切なことだと考えています。

以上のような前提で、以下具体的に1つずつ見ていきましょう。

未来のオーナーになるための「のれん分けコース」

スタッフにとって、将来の夢の筆頭として挙がってくるのは、やはり「独立」です。そこで、店長の先のステージとして、「のれん分け」の制度を整えておくことは、将来独立を目指す店長にとって魅力的な制度であるといえます。

ここでいう「のれん分け」とは、自店で育った独立希望者を対象に、オーナーがサポートして、新たに独立したスタッフを"経営者"として育成する仕組みのことです。広い意味での「独立支援制度」といってもよいでしょう。

最近は、のれん分けを「仕組み」として取り入れるサロンも増えてきましたが、大切なのは、その背景にある考え方をしっかり伝えることだと、私たちは考えています。

私たちの、のれん分けに対する基本コンセプトは、「ファミリー関係型組織の構築」という考え方です。独立したらそこで会社との関係はおしまい、ではなく、店長から経営者としてキャリアシフトした後も、互いに支え合い切磋琢磨しながら共存共栄できるファミリーのような絆（きずな）（＝ファミリーシップ）を築いていくことを前提としています。

したがって、「独立したい人は誰でも支援する」というわけではありません。まずは、「会社」の理念を理解し合える人。グループの人々を家族同様に愛せる人──これらの条件は、のれん分けの際に必ず持っていなければならない必須条件として重要視しています。

のれん分けへ向けての流れや、独立した後にバックアップできる仕組みを今のうちから準備しておくことは、店長自身のキャリアシフトに大きな意味を持ちます。独立を希望する店長は、会社から経営ノウハウ、資金面など、各種のサポートを受けることができます。店長にとっては独立のリスクが軽減され、比較的無理が少なくなるメリットがあります。

しかし、こうした制度を利用したからといって、すぐに「一国一城の主（あるじ）」というわけにはいきません。やはり自分の店を持つには、人材や資金、経営に対する知識など、さまざまな準備が必要です。また店長には、自分が独立した後、サロンを任せられるような次期店長を育成する

という、大切な役割があります。さらに、独立後も、いきなり本社と切り離すのではなく、独立後数年間は「経営者としての勉強期間」として考え、そのためのサポートプログラムも必要になってきます。

　このため、のれん分け制度をサロンで導入する際には、段階的にステージを設けて、徐々に独立へと「シフト」していくような仕組みをつくっておくことです。

　さらに、独立希望の店長が、のれん分け制度を活用できるようにするため、その制度内容をスタッフに対してオープンにしておくことも大切です。制度を利用するための資格やそのメリット、具体的なサポート内容、グループへの資金など、取り決め事項はたくさんあります。

　これらについて、事前に入念にプランを練りながら、魅力的な制度を構築していきます。

技術を極め、伝承するための「ディレクターコース」

　店長にとっては、独立だけがゴールではありません。技術や接客への探究心の強い店長なら、長年の経験で磨き上げた自らの技術力や接客力を、店舗の垣根を超えて、たくさんの後輩たちに伝授していくという道も、1つの選択肢です。このポジションになると、店長はそれまでのように1店舗をマネジメントする立場から、複数の店舗をマネジメントする立場へと「キャリアシフト」します。つまり、店舗横断的なインストラクター的存在といえるでしょう。

　ディレクターは、自らの経験だけでなく、最新の技術情報やトレンドについても敏感でなければなりません。収集された接客ノウハウや優良な技術情報を、全店に素早く浸透させることによって、オペレーションマニュアルでは対応しき

chapter 13

れないレベルアップが図られ、時流やトレンドなどに適応していくことを可能にしてくれる人材です。雑誌撮影、ヘアショー、他店への講師活動などでは全面的に活躍することになります。

ときには、サロンの「看板スタイリスト」として現場にも入ることがあるかもしれません。しかし、ディレクターとしての本来の役割は、技術や接客についての後輩育成。あくまでもプレイヤーではなく、サポーターとしてのスタンスが求められます。

したがって、単に技術レベルが優れているだけでなく、「伝えるスキル」もディレクターに求められる重要な要素です。のれん分け制度と同様に、ディレクターになるために必要な要件を、売り上げレベル、技術レベル、接客レベル、情報レベルなど、それぞれにおいて明示しておくことが必要です。また、常に最新のトレンドをキャッチするために必要なサロンとしてのサポート内容も、オープンにしておきましょう。

経営のブレーンとして活躍する「本部マネジャーコース」

敢えて独立を目指さない店長には、会社の事業展開を支えるプロとして、経営を極めるコースも、1つの選択肢。教育のプロに始まり、集客・販促・経理・採用など、会社にはいろいろな経営知識が必要です。これら会社の経営機能を担うとともに、成長のための戦略をともにつくり上げていく、いわば経営者の右腕が、この「本部マネジャー」の役割です。つまり、スーパーバイザー的な存在として、各店の営業状態を把握し、講じるべき手段を立案し、各店の業績向上に務めることになります。特に、販促や教育の企画を考えることが好きな店長に向いているといえます。先に触れた「ディレクター」は、技術的な専門性が高いのに比べて、「本部マネジャー」は経営的な専門性が高いといえます。

こうしたポジションを用意することで、業績を着実に上げるマーケティングやマネジメントのノウハウは社内に蓄積されていきます。こうしたノウハウは、サロンにとって貴重な共有資産です。のれん分けした店舗の活性化にも、これらのノウハウを活かすことができます。本部マネジャーとして十分な実績を積むことができたら、例えばマーケティング部門を分社化し、そのグループ会社の「社長」として活躍してもらう。あるいは、アカデミー部門を別会社として立ち上げ、そのトップとして陣頭指揮をとってもらう。こうして、グループとしての機能をより充実させる仕組みを構築していくことも、この道を目指すスタッフのモチベーションを駆り立てる一因となります。

将来のビジョンを共有化するツール

店長から先のキャリアプランについて重要なポイントは、サロンのスタッフ全員に対して内容をオープンにし、共有化しておくことです。ここで伝えたいのは、個人の興味や適性に合った仕事が選択肢として存在し、それを会社が応援してくれるということ、そして退職⇒独立だけがゴールではない、ということです。

サロン経営に関して長年蓄積された情報を、

図2 「会社の歩き方」での掲載例

将来設計3 本部マネジャーコース

敢えて独立を目指さないあなたには、これからのわが社の事業展開を支えるプロとして、経営を極めるコースも用意しました。教育をはじめ、集客・販促・人材採用など、会社の経営にはいろいろなプロが必要。将来的には、サロン経営コンサルタントの道も夢じゃない…かも!? そんなあなたはぜひこのコースで、会社のブレーンを目指してみてはいかが?

●こんな人にぴったり!
- チラシやPOPをつくるのが得意な人
- マニュアルづくりが得意な人
- 人に何かを教えるのが好きな人
- 何かと後輩からよく相談される人
- 経営についてもっと深く勉強したい人

●このコースのモデルプラン

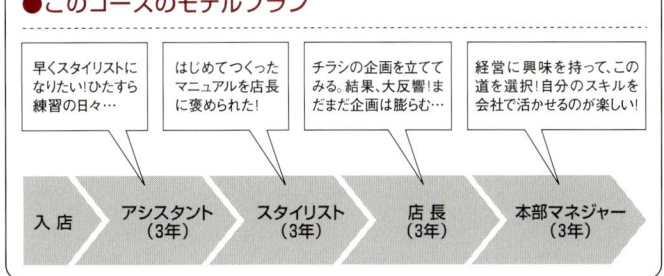

| 入店 → アシスタント（3年）→ スタイリスト（3年）→ 店長（3年）→ 本部マネジャー（3年）|

- 早くスタイリストになりたい！ひたすら練習の日々…
- はじめてつくったマニュアルを店長に褒められた！
- チラシの企画を立ててみる。結果、大反響！まだまだ企画は膨らむ…
- 経営に興味を持って、この道を選択！自分のスキルを会社で活かせるのが楽しい！

●求められる資格
- 店長経験者
- スタイリストとして在籍5年以上
- チラシまたはPOPの制作経験が10回以上
- サロン内で共有化されたツールの制作経験あり

・上記いずれかの条件を満たしている者
・人間性が豊かで健康であること
・面接・試験に通過し、幹部が認めた者

●今、本部マネジャー目指してがんばってます!

名前なまえさん（○年入社：○○○店　店長）

この道を選んだ動機は?
「技術も好きだけど、自分がつくったチラシで何十人ものお客様が来てもらえるのが嬉しくて、この会社で活かせないかと考えました」

今はどんなことを勉強していますか?
「これまでに当たったチラシを集めて、そのポイントをまとめています。美容室だけに限らず、他の業界のチラシも参考になりますよ!」

サロンの共有の資源として活用することで、スタッフの将来にさまざまな可能性が開けてくるのはいうまでもありません。未来へ向けられたモチベーションを育むのは、スタッフだけに限らず、店長にとっても必要なことなのです。

このような将来のビジョンをスタッフに伝えるためには、上に掲載した「会社の歩き方」といった小冊子を用意するとよいでしょう。店長までのステップだけでなく、さらにその先にあるキャリアプランについて、選択肢を明文化しておくのです。さらに、どのキャリアが、どんな人に向いているか、またそのために求められる要件は――など、具体的な情報を掲載して、仕事内容をイメージしやすくしておくのがポイントです。具体的な内容は【図2】を参考にしてください。

長所伸展の法則

店長が「店長」という仕事の先にあるキャリアを積み上げていくこと関して、私たちがコンサルティングを行う際、大切にしているのは、「長所伸展」という原理原則です。

「長所伸展」とは、「自分の得意なもの、ツイているものを伸ばす」ということです。わかりやすく言い換えると、数学が苦手な子が、数学を得意にしようと思ったら、膨大な時間とエネルギーを必要としますし、それでも自分の弱みを完全に克服するのはなかなかむずかしい場合があります。それならば、得意な科目に絞ってエネルギーを集中させたほうが、苦手なものを克服していくよりもはるかに効率的に、かつ短期間で伸びていくことができます。また、取り組む際のモチ

ベーションも、弱みを克服するときに比べたら、確実に高い状態を維持できます。

「長所伸展」は、個人が将来設計を描く際においても非常に有効な考え方です。つまり、店長がこれから先のビジョンを描くためには、「自分の得意分野を知ること」が、大きな軸になってくるのです。「チラシをつくるのは苦手だが、技術に対する情熱だけは誰にも負けない」とか、「自分で店を持つことには不安があるが、考えたことをチャートやイラストで表現するのが得意だ」など、何か自分の得意な分野に気づくことです。

得意な分野を見つけて、それを活かせるような将来のビジョンを選択することが、最も幸せな美容師人生への近道であるといえます。

もちろん、個人の長所は千差万別です。だから、それぞれの長所に合ったキャリア設計をサロンとしても考え、それに応じて将来のビジョンの選択肢を用意してあげることが、スタッフの夢や可能性をかたちにするサロンづくりのために必要なことなのです。

ぜひ、みなさんのサロンでもチャレンジしてみてください。

Chapter 14

キャリアシフトを実践するためのサロン風土づくり

〈本編〉の最終章であるこの章では、13章までのポイントを振り返りながら、キャリアシフトを実践するコツについてまとめていきます。サロンが個人の売り上げの積み重ねから、スタッフ全員の連係プレーによって実績を上げていく時代に変化している現在、その業績アップのカギを握る「店長」の役割と、求められる能力について、改めて確認してください。

CAREER SHIFT

キャリアシフトで強くなる

chapter 14

仕事の内容がまったく別次元の技術者と店長。"次"を意識し、少しずつ仕事をシフトさせる

　ここまで、店長育成に関するさまざまなメソッドや事例をご紹介してきましたが、いかがでしたか？　この＜本編＞の最終章では、これまでお伝えしてきたことをまとめながら、優秀なリーダーづくりを実践されているサロンを事例として紹介していきます。

　さて、本論に入る前に、この本の主旨をここでもう1度確認しておきます。

　本書は、店長力アップのための新発想として「キャリアシフト」というテーマの下に、さまざまなノウハウを紹介してきました。「キャリアアップ」ではなく「キャリアシフト」という表現にしたのには理由があります。キャリアとは、プレイヤーからマネジャーへといきなり「アップ」させるものではありません。スタイリスト時代と店長時代とでは、仕事の内容はまったく別次元のものです。したがって、いきなりではなく、少しずつ、次のステージを意識して、現在の仕事の内容を「シフト」させていくべきなのです。

　元々、美容師という仕事は、個人としての技術レベルを高めることに意識が偏りがちです。スタイリストに求められるのは、まず技術力であり、それを高めることで、お客様に喜んでもらえる——そんな考え方が、美容師という仕事に対するこれまでの一般的な考え方でした。

　しかしながら、店長のリーダーシップに対する要求は、近年高まってきています。つまり、下を育て、引っ張ることのできるリーダーです。特定の人気スタイリストが店を引っ張るのではなく、スタイリストもアシスタントも、スタッフ全員でお客様と向き合い、売り上げを伸ばしていく。そんな「個からチームへ」という時代にきていると、私たちは考えています。サロン全体で売り上げを伸ばしていくために、早い段階から、人を通して仕事をするという、リーダーとしてのスタンスを身につけていくことが必要なのです。

　このような「キャリアシフト」という発想を、まさしく現場で実践されている例として、この章では福岡のサロン『FLEAR』を紹介いたします。

●

　『FLEAR』は、現在4店舗を展開。スタッフ総勢80名を抱え、単店の売り上げとしては地域1番店。10年以上の実績を伸ばし続けています。そのパワーの源となっているのは、店長としてのリーダーシップを早い時期から育成するサロン風土です。「スタイリストになったスタッフは誰でも店長にできる」といえるほど、常に次世代の店長が育つ風土とはどのようなものなのでしょうか。そのポイントは以下の5つに集約されます。

【図】『FLAER』スタッフ共通の価値観

経営理念	●誠実に行動し、情熱で成長する仲間であろう
美容コンセプト	●誇りの持てるサロン ●誰もが主人公 ●1番を目指そう
共通ワード	●人をきれいにすることが好き ●その人が喜ぶ姿を見るのが好き

①軸となる価値観づくり
②アシスタント時代からの"プチ"リーダー体験
③チーム主義の徹底
④本気で関わりあう風土
⑤人に合わせたアドバイス

　以上5点を、これまでの章で解説した内容を振り返りながら確認していきましょう。

①軸となる価値観づくり

　『FLEAR』では、入社した時点で、上の【図】のような価値観を教えられます。

　特筆すべきは、この価値観に対する教育が徹底されていることです。店長の部屋にはこの共通の価値観が貼ってあります。毎日見ることはないにしても、スタッフの間で問題が起こったときには、スタッフ全員が常にここに立ち帰り、何回も読んで自問自答します。営業中やミーティングでも、この価値観を軸として取り組み事項を決めていきます。

　経営理念を朝礼で唱える、ということが形骸化しているサロンが多い中で、『FLEAR』ではこれらの価値観を日常業務レベルまで落とし込み、確固たる行動基準としています。こうした価値観が、いわば普段の行動の「番人」となって、ここから外れた行動をしていないか、常にチェックしてくれているのです。

　本書でも、サロンの価値観を浸透させるメソッドとして、『マインドブック』（2章）や「組織的視点の育成」（6章）などを紹介してきました。しかし、理念はスタッフの日常行動への落とし込みができて初めて活きるものです。ときには売り上げを犠牲にしてでも、価値観を守る行動ができているか、常に考える機会を与えていくこと。これによって、サロンの価値観が血肉化し、店長としてのマインドの土台となっていくのです。

②アシスタント時代からの"プチ"リーダー体験

　リーダーシップを身につけるには、頭で理解するだけではなく、実際に"身体"で実感してもらう、すなわち「体感」させることが必要。そのために、早い時期から、後輩を育てる経験を積ませておくことです。これについては、2～3章でも触れましたが、『FLEAR』でも、店長やチーフになって初めてリーダー業務を経験するのではなく、入社2年目から全員が経験するような取り組みが行われています。

　具体的には、入社1年目のジュニアアシスタントの教育は入社2年目以降のアシスタントが担当し、そのアシスタントの教育は入社3～4年目のメインアシスタントが担当します。さらに、ジュニアスタイリストは他のユニットのアシスタント教

育を担当する――といったように、組織的な教育体制を確立しています。

　こうした仕組みによって、後輩を育てる風土がサロン内で生まれます。1年目のスタッフをどのように育てていくか、2年目のアシスタント同士が互いに話し合う風景も珍しくありません。最初は命令口調で言葉がきつかった人も、早くからの体験で表現力を身につけます。したがって、よくありがちな「言い方がきつい」といった店長もいません。こうして、たとえ入社2年目であれ、先輩は後輩を育てるもの、という考え方が、風土として定着していきます。このような"プチ"リーダー体験を通して、自分が後輩に与える影響を考えて仕事をするということが習慣化します。それが将来、店長になったときの磐石な土台となることは言うまでもありません。

　後輩ができたときから、個人としての自分から他者へ、他者から全体へと意識をシフトさせていく――こうした取り組みこそ、優秀なリーダーが育つための土壌となるのです。

③**チーム主義の徹底**
『FLEAR』では、10年たったスタイリストでも、帰宅時間はアシスタントと一緒です。何故でしょうか？　スタイリストは、全員がアシスタントの練習に毎晩遅くまでつき合うようにしているからです。まさしく、3章で解説した「時間を他人のために使うこと」を、スタイリスト時代から実践しています。それが実践できているのも、サロン内でのチーム意識が徹底されているからです。『FLEAR』においては、売り上げとは、スタイリスト個人の力によるものではない、と考えます。

すなわち、
「売り上げ＝スタイリストの力×アシスタントの力」
──と考え、この考え方をサロン内で徹底するようにしています。
　スタイリストとアシスタントは一心同体。売り上げという成果をあげるには、両者が「チーム」として動かなければなりません。スタイリストはアシスタントを育て、アシスタントはスタイリストの売り上げを常に意識した動きをします。
　かつて、あるサロンの店長から、こんな言葉を聞いたことがあります。
「何も指示をしなくても、自分が思っている通りに、不思議とアシスタントが動いてくれて、全体のサロンワークがすごくまとまっているなぁ、と感じることがときどきあるんです。自分自身もテンションが上がって、『あぁ、この状態だったら、どれだけお客様が来られても、いつまでも仕事していられるなぁ』とそのときは本気で思ったんですけど、不思議なことに、あのとき同じことを感じているスタッフが他にもいたんですよ」
　こんな経験、みなさんにもありませんか？　個人と個人が、チームとして一体化することで、化学反応を起こし、目には見えない「チームワーク」が生まれているのです。
　サロンワークは、1人で成り立つものではありません。常にチームで動いた結果が、売り上げという成果に結びつくのです。売り上げとは、個人で上げたものではなく、チームで上げたもの。そう考えることで、スタイリストの時間の使い方1つとっても変わってくるのです。

④本気で関わりあう風土

　本書では、店長とスタッフとのコミュニケーションのあり方についても、いくつかのメソッドを紹介してきました。しかし大切なのは、これまでの章でお伝えしてきた「褒める」「叱る」といった日常のコミュニケーションを、単なるメソッドやうわべだけでなく、本気で行っているかどうかです。
　店長が本気で関わらずに、スタッフを本気にさせることができるでしょうか？『FLEAR』でも、先輩、後輩とも、相手にとことん踏み込みます。例えば、後輩の技術レベルが未熟で、それを先輩が叱ったとします。その場合、叱った先輩は、後輩が出来るようになるまで、とことんレッスンにつき合うのが当たり前になっています。言いっぱなしで帰ってしまうのではなく、出来るようになるまで責任を持つのです。こうした「一歩踏み込んだ関係」を通じて、後輩は『この人は本気だ。ここまで自分のことを考えてくれているのか』と感じ、それに応えようとするでしょう。本気が、本気を生むのです。
　その根本にあるのは、後輩に対する愛情です。『FLEAR』の店長は、よく次のような言葉をアシスタントにかけています。
「もし、キミが手荒れになって、アシスタントの仕事ができなくなったとしても、キミの居場所は絶対つくってやる」
　言われたスタッフがどのように感じるか、想像に難くないでしょう。
　どんなスタッフに対しても、よいところを見つ

chapter 14

けて、本気で接すること。そうすれば、スタッフが将来店長になっても、後輩に対して同じ接し方をしていくでしょう。こうして、「本気で接する」というDNAは着実に受け継がれていきます。『FLEAR』では、こうしたスタンスが、店長のみならずスタッフ全体にまで浸透しています。

ある女性店長が結婚退職することになったとき、その送別会ではスタッフ全員が号泣しました。店長もスタッフも、お互いが真剣に向き合ってきた、本当の仲間だったからでしょう。

⑤人に合わせたアドバイス

うわべだけのコミュニケーションではない、本気の関わり合いをしていれば、そのスタッフのことを真剣に考えた助言ができる。『FLEAR』では、常に相手のことを考えたアドバイスを心がけています。

これについては、具体例を挙げて説明しましょう。例えば、店販商品が売れないアシスタントがいたとします。そのアシスタントは話すことが苦手なタイプ。商品のよさは理解しても、なかなかお客様にお伝えし切れません。こんな場合、店長としてどのようにアドバイスしたらよいでしょう？

よくありがちなのは、「どうして話をしないの？　もっとお客様と話をしないと…」というアドバイスス。しかし、これはアシスタント本人にとって、苦手としているハードルです。オススメできない理由に「話がうまくできない」ことが大きく影響していることは、アシスタント本人もよくわかっている

はず。それでもできないのは「何を話してよいかわからない」からです。それを、「なぜできないの？」と責めてしまっています。

このようなアドバイスでは、その根本の問題までサポートできていません。だから、言われた方は「自分の頑張りが足りない」くらいにしか理解できず、具体的にどうすればできるようになるのかは結局わからずじまいです。

大切なのは、「できない」という事実を受け入れて、できるレベルまで落とし込んであげることです。

例えば、以下のようなアドバイスはどうでしょう。「確かに店販商品を売るのって、タイミングがむずかしいよね。実は僕も昔、店販なんてなかなか売れなくて悩んでいた時期があってね。その当時の先輩からこんなアドバイスをされたんだ。『キミはムリに話そうとしすぎなんじゃない？　それより、もっと話せることを話したらどうだろう。例えば、パーマやヘアカラーの放置時間のお客様に、"苦しくないですか？"とひと声かけてみることから始めてみたら？』ってね。あれこれ話そうと考えるよりも、こういうちょっとした声かけだったら、やれそうじゃない？」

これであれば、「話が苦手」というスタッフに合わせたアドバイスになっています。また、店長自らの経験が入っており、親近感につながりやすいでしょう。さらに、アドバイス内容を見ても、考えることも少なく、声をかけるという"勇気"を出せばできるレベルなので、実践しやすく、効果が見込めます。『FLEAR』でも、相手に合わせて、具体的に「やれる方法」を提示してあげる

ようなアドバイスを実践しています。

相手に共感できる「できない経験」が、次世代のリーダーを育てる

　上記で触れた「できない」「どうしていいかわからない」といった悩みは、将来そのスタッフがスタイリストあるいは店長になったときに、大きな経験となって活きてきます。なぜならば、そういう経験をしたスタッフは、同じことで悩む後輩の気持ちがわかるからです。

　失敗や挫折を経験せず、順調にキャリアを登っていった人には、できない人の気持ちがなかなかわかりません。けれどもこの先、仕事を続けていくうちに、いずれ「できない」ことに悩む後輩が、きっと出てくるはずです。そんなとき、自分も過去に同じような経験をしていれば、そんな後輩の悩みに共感し、どうやってそれを乗り越えられたのか、具体的にアドバイスをしてあげることができます。

　だから、後輩たちのためにも「できない」ことに悩むスタッフは、それを乗り越える"義務"があるといってもいいでしょう。かつては「できなかった」人こそ、本当に人を育てることのできる店長になれるのです。

●

　以上、キャリアシフトのための風土づくりとして『FLEAR』の事例を交えながら、＜本編＞の内容を振り返ってきましたが、いかがでしたでしょうか？

　美容室が全国に21万軒あるといわれる超競争時代、お客様がサロンに求める要求水準は、年々高まってきています。それによって、サロンマネジメントのあり方も大きく変わりました。これまでのように「スタイリストがお客様をつなぎとめている」から「アシスタントやレセプションを含めたサロン全体でお客様をつなぎとめている」時代となったのです。

　個の時代から、全体の時代へ──。

　そんな時流の変化の中で、これからのサロン業界を担うカギとなるのは、まさしく「店長」です。サロンを活性化し、後輩を育てることのできる店長を育てるために、「キャリアシフト」という発想が、ますます求められてくると私たちは考えています。

　今後、サロン業界のみならず、他業界さえもが注目するような優秀なリーダーが、この業界から次々と輩出されることを願ってやみません。＜本編＞と、次に続く＜メソッド編＞が、美容業界の将来を担う方々にとってのヒントに少しでもなれば幸いです。

―メソッド編―

第15章〜19章では、〈本編〉で解説した「キャリアシフト」に基づくノウハウを、より効果的に機能させるための具体的な方法＝メソッドについて、実際の事例を交えながら解説していきます。

BK selection

Chapter 15

"店長力"を鍛える能力開発
「育成プラン作成法」

この章では、店長に求められる能力の中でも、最も大切なものの1つである、スタッフとのコミュニケーション能力を鍛えるメソッド、「育成プラン作成法」について解説していきます。

CAREER SHIFT

キャリアシフトで強くなる

chapter 15

「自分の考えを理解してもらう」スキルを身につけるメソッドが「育成プラン作成法」

リーダーを育てるメソッドってある?

　ここでのテーマはズバリ「店長の能力開発」、マネジメント能力をつけるメソッドです。当然のことながら、アシスタントやスタイリストといったいわゆる「プレイヤー」に求められる能力と、店長に代表されるリーダーに求められる能力はまったく異なります。プレイヤーとしては極めて優秀だったけれど店長になった途端にサロン内で問題が続出。本人の指名売り上げも大激減というケースもしばしばあることです。スタイリストとして稼ぐ力があっても、マネジャーとして身につけておかなければならないスキルが伴っていなければ、往々にしてこうしたことになりがちです。

　では、店長としてのスキルをどのように磨いてやればよいのか？　これにはさまざまなアプローチ方法が考えられます。

　例えば、多くのサロンでは「肩書きが人を育てる」という方法論の下に、店長育成を行っています。まだリーダーとして未熟な点もあるけれど、とりあえず「店長」という肩書きを与え、経験を積ませることでリーダーに必要なスキルを身につけさせる。多少乱暴かもしれませんが、この方法ではそれなりによいところがあります。実際、肩書きが人を育てたケースは多々ありますし、現実に店長になって初めて気づくことも多いでしょう。

　別の例では、各店の店長数名が月に1回集まって「店長勉強会」を実施しているケースもあります。この店では毎回、スタッフ役、店長役と配役を決めてロールプレイングを実践しています。例えば、「辞めたいと相談してきた後輩スタッフの悩みをヒアリングする」という店内でのシチュエーションを設定して、それに対して各店長がそれぞれ相談にのる場面を、実際と同様に演じてもらいます。こうしたOFF-JT（通常業務を一時的に離れて行う教育訓練）形式の勉強会は第三者から店長としての自分を見てもらうことで、自分では気づかなかった新しい発見もあることでしょう。

　これらの例から、店長を育てるには2つの大きなポイントがあるといえます。

1. 店長に求められる能力を、サロンとして具体的に明示できているか
2. 店長として育つための方法や環境をサロンとして用意してあげているか

「店長として必要な能力」が明らかにされなければ、何をどう頑張っていいのかわかりませんし、自分の目標設定をどこにすればよいのかわからなくなります。また、「店長として必要な要素」がたとえ明示されていたとしても、実際にそれをど

図 店長として必要な要素

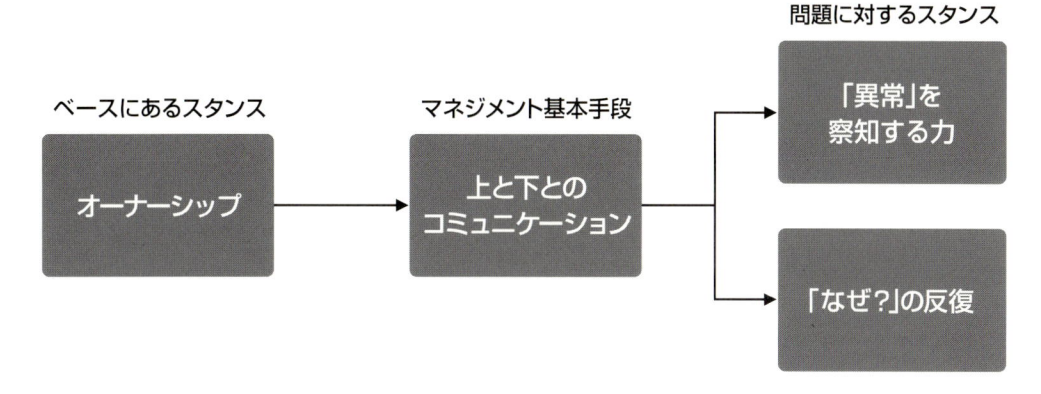

```
ベースにあるスタンス      マネジメント基本手段         問題に対するスタンス

  オーナーシップ    →    上と下との          →    「異常」を
                          コミュニケーション         察知する力

                                             →    「なぜ?」の反復
```

うやって身につけていったらいいのか、具体的な方法がわからない、ということもあるでしょう。

そこで大事なのは、店長が身につけるべき能力を明らかにし、そのためにどういう取り組みをしたらよいかを、サロンとして確立することです。この章では、そのメソッドについて解説していきます。

リーダーに求められる能力とは?

店長に求められる能力とは何でしょうか？ もちろん、スタイリストとして十分な実績を上げているということは1つの基準といえます。というのも、店長とは技術的にもスタッフの最も身近な目標となるべきであり、「あの人みたいになりたい」と思われるような、いわばモデルになれるようでなければならないからです。

しかし、それだけでは決して十分とはいえません。例えば、こんな事例を挙げてみましょう。

ある日、技術力のある有望な若手スタイリストが、突然店長に「サロンを辞めたい」と相談してきました。店長は驚いて理由を尋ねてみると、「このサロンに夢を感じることができず、将来が不安になったから」というのが理由でした。

後になって思えば、本人のモチベーション低下はすでに別のかたちで表面化していました。

この若手スタイリストは、ここ最近の出勤時間も遅くなりがちで、遅刻も目立って増えてきていました。それに対して店長は、理由を聞くこともなく「遅刻」という事実について一方的に叱るばかりで、その裏側に潜んでいた本人からのSOSのサインを読み取ることができなかったのです。

もし、その状況にいち早く気づいていれば、時間をつくってサロンとしての考え方、方向性をもう1度伝えることもできたでしょう。また、「なぜ夢を感じないと思ったのか」という根源にまでさかのぼって聞いてみることで、解決の糸口を見出せたかもしれません。

この一件は、店長として必要な4つの重要な要素を含んでいます。

これらの要素について、順を追ってみていきましょう。

①ベースにあるスタンス…「オーナーシップ（経営側のスタンス）」

まず、店長のベースにあるべき考え方は、経営側のスタンスに立ったものであるということ。仕事ができる店長でも、表現の端々に「反オーナー的」なニュアンスを漂わせる人がいます。確かに「上」と対立することでサロン内の一体感を出すということも一時的にはあるでしょう。ただ

chapter 15

し、それはなかなか長続きしません。今回の例では、店長がサロン側の人間として、会社としての方向性やスタッフにどうなって欲しいかを語ることで、後輩たちに具体的な未来像を伝えることです。店長が経営側のスタンスに立ってモノを考えられるマインドを持っていること。これがまず大前提です。

②問題に対するスタンス(i)…「異常」を察知する力

次に、サロンで発生する問題に対してどのように対処していくかということですが、最も理想的なのは、問題発生前にその予兆を嗅ぎ取り、問題が本格化する前にその火ダネを消してしまうことです。

つまり、店長に必要なのは、異常であることを「異常」と気づく能力です。ここでは、若手スタイリストの「遅刻」という現象が1つのモチベーション低下のサインでした。この時点で、若手スタイリストの内面で起こりつつある変化にも目を向ける感度が求められるのです。スタッフの態度や顔色、サロン内でのオペレーションを細かく観察して、これまでと違う状況が発生した場合、その現象の裏側にあるサロンの問題を見抜く、この能力が店長力を決定する第一歩です。

③問題に対するスタンス(ii)…「なぜ?」の反復

サロン内における問題を発見したら、まずはその根源の理由を突き止めること。「なぜこのサロンに夢を感じないと思ったのか?」というように徹底的に「なぜ?」を重ねて、問題の発生源がどこにあるかを突き止めることです。

また、その原因をさかのぼって袋小路に行き着いた場合、そこで行き当たった課題を「与えられた条件」として捉えるような、発想の転換が店長には必要です。例えば、スタッフのモチベーション低下の原因が「店の売り上げが伸びないこと」にあり、それが立地の悪さに起因すると考えられる場合、力のある店長なら立地を1つの「制約条件」と捉えることで、その条件下でどうしていけばよいかを考えます。

しかし、能力がついていない店長はその逆です。「立地が悪すぎる」「競合店が多すぎる」「内装が…」と伸びない理由を挙げるばかりで、何をやるべきなのかに考えが及びません。問題を見つけるだけでなく、その問題の要因に目を向け、プラス発想で現実的な対策を考え、実行する。こうした能動的な問題解決能力が店長には求められます。

④マネジメントの基本手段…「上と下のコミュニケーション」

さて、基本的なスタンスとしての「オーナーシップ」をベースに、「異常」にいち早く気づき、それを解決するための基本手段として挙げられるのが「上と下とのコミュニケーション」です。つまり、オーナーにもスタッフにも円滑なコミュニケーションを取れるということですが、これは単なる「伝令」であってはなりません。部下であるスタッフの日々の態度にアンテナを張り、その声を聞

き、自分の気持ちをきちんとスタッフに伝え、精神的なフォローをすること。そうやって表面化したサロンの課題について、上の人間と意見交換を行うこと。これが店長に求められるコミュニケーション力です。

部下とのコミュニケーション能力を高める4つのステップ

それでは、マネジメントの基本手段といえるコミュニケーション力は、どのようにして向上していけばよいでしょうか。

これは、冒頭で挙げた「店長を育てるためには2つのポイント」の2番目、「店長として育つための方法や環境をサロンとして用意してあげているか」という話に関わってきます。

まずは、部下とのコミュニケーションということについて、その基本的な構造を見ていきましょう。私たちは店長のスタッフとのコミュニケーションは、以下のようなステップを踏むことで深まっていくと考えています。そしてそのステップごとに必要なスキルについて整理してみました。

ここでは事例として、「労働時間が長い」という理由で退職を申し出たスタッフを例に話を進めていきたいと思います。

①部下を理解する

　最初にすべきことはスタッフの話をきちんと聞くことです。ただし、その際常に「なぜ部下がそう思ったのか」ということに留意して聞くことです、なぜ「労働時間が長い」と思ったのか、「休憩がないから」なのか、「他の友人と比べて」なのか、「身体がしんどいから」なのか、根源的な要因にまで掘り下げてみること。さらに、ヒアリングを円滑にするためのスキルとしては会話の合間に「なるほど」「そうなんだ」などの「あいづち・おうむがえし」を入れることで、会話にリズムが生まれます。そして、「自分はどんなことを聞いても、必ずあなたを守る」という姿勢を示す真剣さを表すことです。こうして、相手の心を開いていくことが必要です。

②自分の話を理解してもらう

　次のステップは、店長がスタッフに自分を理解してもらうことです。つまり伝えるスキルが必要になってくるのですが、ある意味、このスキルが最も多くの店長に欠けているスキルではないかと思います。

　相手に伝えるためには、できるだけ具体的な話をすることです。「状況はすごくよくわかる。昔、私もあなたと同じような理由で美容師を辞めようと思ったことがある」など、自分の昔の体験談、失敗談などから入るのもよいでしょう。それをどう乗り越えていったかという話は、具体的にビジュアルとしてイメージできるので、相手に伝わりやすいのです。そして大切なのは、「だからあなたには、今ここで絶対に辞めて欲しくない。がんばって欲しいと思っているんだ」というメッセージを素直な思いとして話すこと。相手の言葉に自分の感情を挟み込んでいくと、それは相手を惹きつけます。自分は本気でそう感じている、ということを、理想論ではなく感情でぶつけるのです。

③部下のランクに応じて話のスタイルを変える

　店長とスタッフとの相互理解が整った段階で、次に必要になるのはティーチング、カウンセリング、コーチングといったスキルです。

　個々のスタッフをどのように正しい方向へ導くかということなのですが、ここでのポイントはそれぞれのスキルをスタッフのキャリアによって使い分けることです。

　例えば、部下が入社1年目の新人なら「長い練習時間は、自分に対する投資であって、これから先、本当に成長するために必要なことなんだよ」という、ティーチングのスタンス。相手が若手のジュニアスタイリストなら、「将来こういうスタイリストになって欲しいから」と導く方向性を決めたうえでカウンセリングしてアドバイスを。そしてある程度キャリアのあるスタッフなら、「なぜそれを理由に辞めたいと思ったの?」と、本人がそれを言った根本的な理由まで掘り下げて、その意味を考えさせるコーチング、といった具合です。私たちが行っている店長向けの勉強会でもこのあたりのスキルをいかに伸ばすかという点にはかなり力を入れています。

④「スタッフ成長の3要素」を踏まえる

　店長として、今後進むべき方向性をスタッフに示した後は、そこに向かっていくスタッフに対して自信と安心を与えることが必要になります。そのためには、次の3つの要素を踏まえて声をかけてあげることが大切です。
1．店長からの期待…「期待してるから」「頑張れ、応援するからな」など
2．自信…「やればできるんだから」「能力はあるんだから」など
3．成功体験…過去に部下が達成した好業績や仕事ぶりを取り上げて話す

「自分を語る」メソッド「育成プラン作成法」

　以上が店長としてコミュニケーション力を上げるのに必要なスキルですが、この章では、この中でも最近の店長が比較的苦手としている「サロンとスタッフに対する自分の考えを理解してもらう」ためのスキルを身につけるためのメソッドを紹介します。「育成プラン作成法」というメソッドです。

　自分を理解してもらうためには、相手にきちんと伝えるためのスキルが必要になります。その際、大事なことは「一般的にこうあるべき」というかたちではなく、「私は、あなたにこうなって欲しいと願っている」という想いを自分の夢と合わせてぶつけることです。

　ここで伝えるべき想いには4つのポイントがあります。それは――
1．サロンの方向性…店長として、どんな店にしていきたいか、なぜそう思っているか
2．部下に期待する美容師像…どんな美容師になって欲しいか（お客様に対して）。また、なぜそう思っているか
3．部下に期待する社内的役割…相手にサロン内でどのような役割をして欲しいのか（社内的なポジショニングとして）、またなぜそう思っているか
4．期待する人間性…人としてどのように成長して欲しいのか、またなぜそう思っているか
　　　　　　　――という4つです。

　まず、店長としてスタッフに伝えるべきことはこの4つのポイントであることを理解してもらい、次にそれをどのように伝えるか、それを一緒に考えるのが「育成プラン作成法」です。

　手法はこのようなかたちです。
1．先ほど述べた「4つのポイント」について、各スタッフに対してどのように思っているか店長にまとめてきてもらいます。簡単にでも紙に書いてもらうのが良いと思います。書くことで考えがまとまりやすくなるからです
2．オーナー（もしくはそれに類するポジションの方）とその内容を検討します。その際のポイントは「どの時期にスタッフに伝えるか」「どの時間帯に伝えるか」「誰から伝えるか（オーナーか、店長か、または同僚か）」「どんな切り出し方で伝えるか」などです
3．然るべきタイミングで実際に店長からスタッフへ「想い」を伝えてみます。もちろん、全員に1度にしなくても、必要のあるスタッ

フだけで構いません
4. 話してみた結果をオーナーにフィードバックします。問題のあるスタッフがいれば、オーナーからフォローを入れてみるのもいいでしょう

●

いずれにしても、店長が個々のスタッフについてどのように育てたいかをしっかり考える機会はあまりないサロンがほとんどでしょう。こうしたメソッドを取り入れることで、ぜひその機会をつくってみてください。サロン内のコミュニケーションがアップするだけでなく、店長自身の成長にもつながるはずです。

スタッフ育成プランシート

メンバー氏名		店 名		アシスタント・スタイリスト（　）年目

【スタッフの強み・弱み・課題など】

	技術力	接客力	その他
強み			
弱み			
現状抱えている悩み		その原因	

【店長としての想い】

①会社、サロンとしての方向性（どんなサロンにしていきたいか、オーナーの想いについて）		②本人に期待する美容師像（対お客様）	
③本人に期待する社内的役割（社内的ポジショニング）		④本人に期待する人間性（どんな人になってもらいたいか）	

【伝え方】

伝える時間		伝える時間帯	
伝える場所		誰から伝えるか	
切り出し方			

Chapter 16

コミュニケーションを深め、お互いの気持ちに気づくための「スタッフ因数分解法」

この章では、スタッフ同士のコミュニケーションを深め、新人を含むお互いの気持ちに気づくためのメソッドである「スタッフ因数分解法」の実例をレポート形式で紹介していきます。

CAREER SHIFT

キャリアシフトで強くなる

chapter 16

コミュニケーションの質の低下や
ギャップの発生が
部下の変化を見逃す

スタッフ因数分解法とは

「スタッフ因数分解法」とは、いったいどんなメソッドでしょうか。ここで簡単に解説しておきます。

サロンワークのカギを握るのは何と言ってもチームワーク。スタッフと経営者、スタッフ同士のコミュニケーションはとても重要です。

特に、新人スタッフとのコミュニケーションを深め、お互いの気持ちに気づけるようになるために効果的なのが、この手法です。スタッフ全員で自分自身の生い立ちについて話すことで、お互いの背景を深く知り、理解と尊重につなげるというものです。例えば「どうしてあそこでこのような動きをしてくれないんだ」とか「そんな指示を出されても無理だ」といったように、相手の背景を知らないと理解が不足し、行動や言動に対して否定的になってしまい、サロン全体の雰囲気も悪くなり、お互いの成長にもなりません。また、スタッフ同士の気持ちを理解できなくては、お客様の気持ちを理解するなど、とうていできません。しかし、この「スタッフ因数分解法」を実践することでより深く相手を理解し、「そうか、きっとあの子はあんな風に考えているのだな、では少し違ったかたちで注意をしよう」とか、「あの人は私の成長のために、わざわざあんな指示を出してくれているのだな」と肯定的な解釈をすることができるようになります。この「気づき」の能力が美容師として仕事をしていくうえで最も重要になるのです。

コミュニケーションの質の低下～
コミュニケーションギャップの発生

チームワークがうまくいかないのは、コミュニケーションの質の低下が原因です。コミュニケーションの質が落ちるとコミュニケーションギャップが生まれます。では、どういうときにコミュニケーションギャップが生まれるのでしょうか？　それには大きく分けて2つの要因が挙げられます。1つ目は「トップと新人との世代の違い」、2つ目は「円滑なコミュニケーションがとれる1店舗当たりのスタッフの数の限界」です。

まず、1つ目の「トップと新人との世代の違い」に関して解説します。店のトップである店長や経営者と新人の間に親子ほどの世代の違いがあると、やはり価値観などに大きな違いが出てくるようです。目安としては、12年を1回りとして、2回り以上の差になると、育った文化的背景や環境が大きく変化するので、どうしても共通体験が少なくなり、コミュニケーションの質は低下し始めます。またトップとの世代の違いが大きければ大きいほど、新人のスタッフはトップの

図 Aサロンでの「スタッフ因数分解法」準備～実施まで

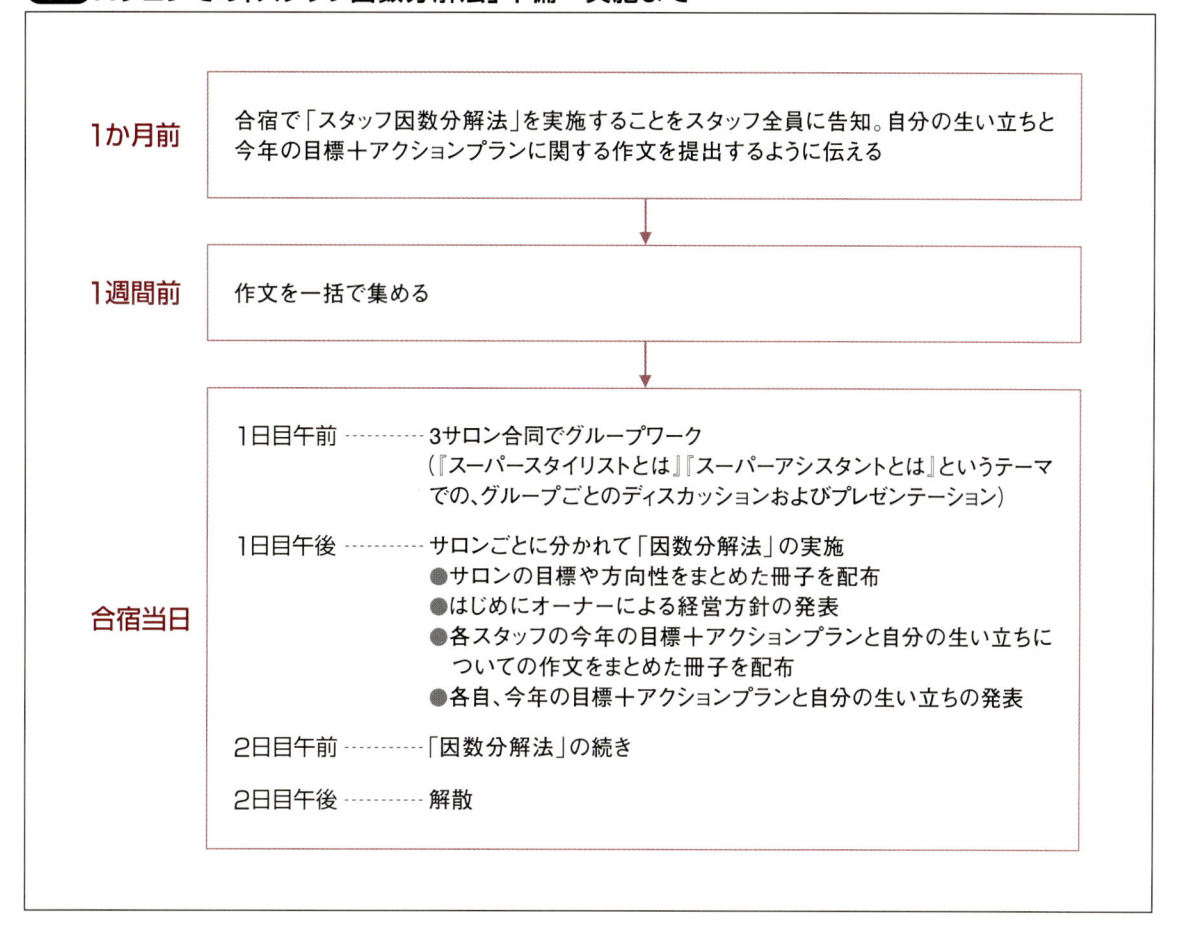

1か月前	合宿で「スタッフ因数分解法」を実施することをスタッフ全員に告知。自分の生い立ちと今年の目標＋アクションプランに関する作文を提出するように伝える
1週間前	作文を一括で集める
合宿当日	1日目午前 ……… 3サロン合同でグループワーク（『スーパースタイリストとは』『スーパーアシスタントとは』というテーマでの、グループごとのディスカッションおよびプレゼンテーション） 1日目午後 ……… サロンごとに分かれて「因数分解法」の実施 ●サロンの目標や方向性をまとめた冊子を配布 ●はじめにオーナーによる経営方針の発表 ●各スタッフの今年の目標＋アクションプランと自分の生い立ちについての作文をまとめた冊子を配布 ●各自、今年の目標＋アクションプランと自分の生い立ちの発表 2日目午前 ……… 「因数分解法」の続き 2日目午後 ……… 解散

ことを遠い人のように感じてしまい、仲間というより尊敬の気持ちのほうが大きくなります。新人のトップに対する尊敬の気持ちがあまりに大きすぎると、むしろ距離感を生んでしまい逆効果になるのです。

ただし、これは決して悪いことではなく、世代の違いによって生まれるコミュニケーションギャップを何らかの方法で埋めることができれば、むしろ全体の価値観に幅が生まれてプラスになります。そのコミュニケーションギャップを埋める方法の1つが、「スタッフ因数分解法」です。

ではここで、Aサロンの例をご紹介しましょう。四国で2店舗合わせて15名程。私たちが主催する研修にご参加いただき、そこで「スタッフ因数分解法」を実施していただきました。オーナーはとても頼りがいのあるしっかりとした印象の方で、インタビューを通して、スタッフのみなさんがオーナーのことをとても尊敬していることが伝わってきました。「因数分解法」を行うことで、オーナー自身は気づいていなかった、スタッフのオーナーに対する距離感がなくなったようです。

インタビュー結果

●スタッフ因数分解法を行ってよかったと思うこと
・自分の考えを伝えることができた（オーナー）
・オーナーのヒストリーを聞いて、辛いと感じるのは自分だけではないことがわかり、もっと頑張ろうと思えた（スタッフ）
・素直になれるようになった（スタッフ）

chapter 16

●もう1度行うならもっとこうしたほうがよくなりそうだ、と思う改善点
・緊張してうまく話せない人もいたので、もっとザックバランに話せるような雰囲気の中でやりたい(オーナー)
・もっといろんな人に質問すればよかった(スタッフ)
・最後のほうで時間が足りなくなってしまい、十分に話すことが出来ない人もいたので、タイムスケジュールをきちんと管理したい(オーナー)

　Aサロンの場合、「因数分解法」と同時にオーナーによる経営方針発表も行われました。普段はそういった長期的計画について伝える場がないとのこと。オーナー自身が未来を語ることで、オーナーにとってもスタッフにとっても目標が共有でき、サロン内にいい変化が起きたようです。
　次に、「円滑なコミュニケーションがとれるのは1店舗当たりのスタッフ数が7名まで」と言われています。1店舗当たりのスタッフ数が7名までであれば、通常のサロンワークの中でお互いの性格や考え方、状況などをある程度理解し合うことができます。また、これくらいの人数であれば、全員で食事に行ったり飲みに行ったりする機会も自然と生まれてくるようです。しかし、その7名を超えた時点でコミュニケーションの質に変化が出てきます。7名を超えると、トップである店長やマネジャーと十分にコミュニケーションをとることの出来る人数を超えてしまい、特に新人との間にはコミュニケーションのムラが発生するのです。

全員が生い立ちを発表することで各自の行動に変化が

　それでは、「スタッフ因数分解法」を実践することで、スタッフ数の増加によるコミュニケーションギャップを克服されたBサロンの例をご紹介しましょう。関西地方で3店舗展開するBサロン。Bサロンではこの年に例年になく多くの新人が入社し、店舗当たりのスタッフ数が7名を超えました。それまでは新人とも直接コミュニケーションをとっていたマネジャーですが、7名を超えてからというもの、スタイリストを通して新人の状況を聞いているということに気がつきます。こうしてコミュニケーションの質が低下し始めたことを感じたマネジャーを中心に、毎年行われる1泊2日の研修でスタッフ因数分解に挑戦されました。以前、私たちが主催した研修にもご参加いただき、そこではサロン内で特に頑張っているスタッフが、「スタッフ因数分解法」というかたちで生い立ちを発表されました。今回は店舗別の3グループに分かれて全員で行ったそうです。

インタビュー結果
●スタッフ因数分解法を行ってよかったと思うこと
・今までイライラしながら見ていた人を、許せるようになった(スタッフ)
・自分の考えをみんなにわかってもらえたような気がする(スタッフ)
・頑張っている人の考え方を聞いて、自分も目標が見つかった(スタッフ)
●スタッフ因数分解法によるサロン内の変化

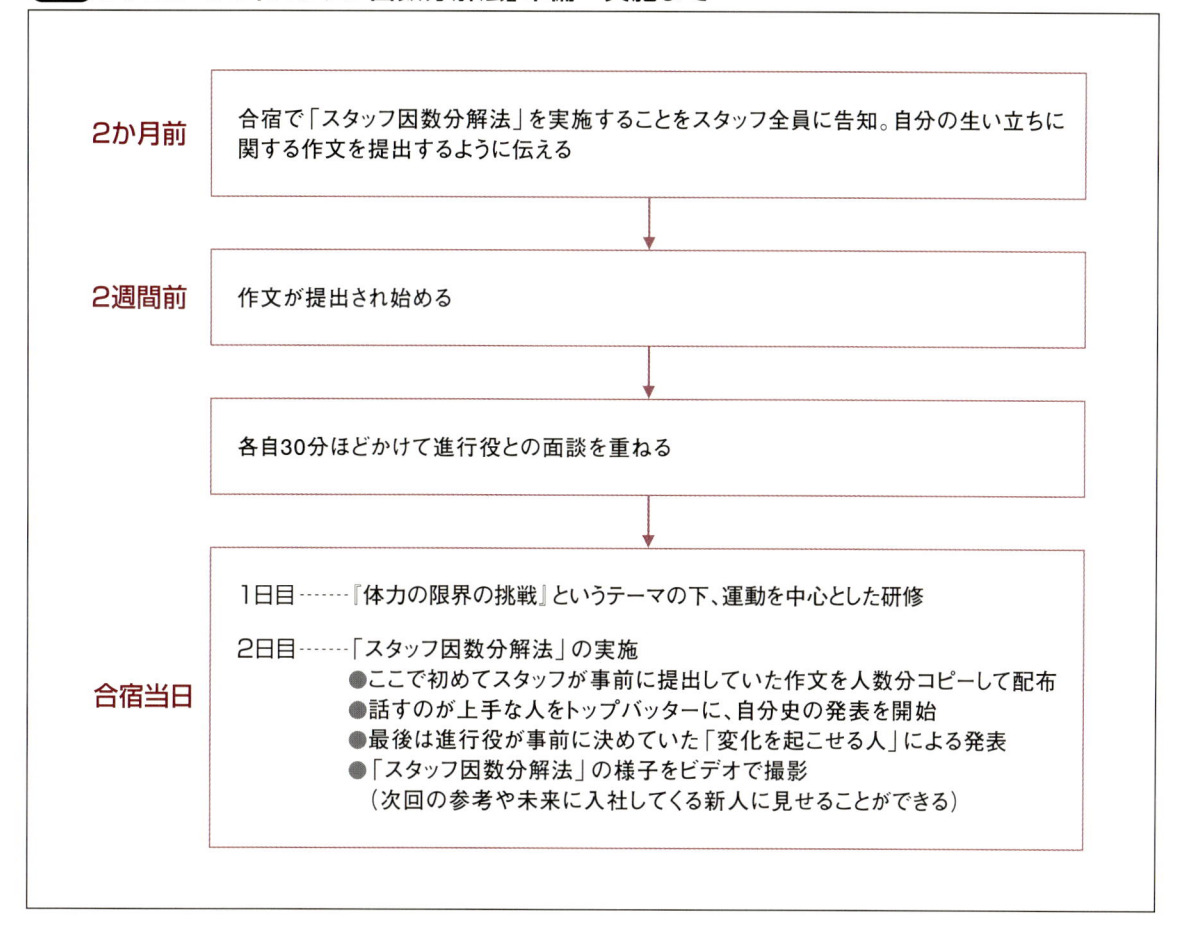

図　Bサロンでの「スタッフ因数分解法」準備～実施まで

2か月前	合宿で「スタッフ因数分解法」を実施することをスタッフ全員に告知。自分の生い立ちに関する作文を提出するように伝える
2週間前	作文が提出され始める
	各自30分ほどかけて進行役との面談を重ねる
合宿当日	1日目‥‥‥『体力の限界の挑戦』というテーマの下、運動を中心とした研修 2日目‥‥‥「スタッフ因数分解法」の実施 ●ここで初めてスタッフが事前に提出していた作文を人数分コピーして配布 ●話すのが上手な人をトップバッターに、自分史の発表を開始 ●最後は進行役が事前に決めていた「変化を起こせる人」による発表 ●「スタッフ因数分解法」の様子をビデオで撮影 　（次回の参考や未来に入社してくる新人に見せることができる）

・今まで遅刻や欠勤の多かった人が、休まなくなった（マネジャー）

●もう1度行うならもっとこうしたほうがよくなりそうだ、と思う改善点
・前回行ったときは、サロン内の頑張っている人にだけ話してもらったが、今回全員に話してもらったほうが盛り上がった（マネジャー）
・あるスタッフがエピソードにまつわる写真や実物を使って発表してくれ、それがとてもよかったので、全員で写真や物を使って発表するようにするのがいいのではないか（マネジャー）
・単なる生い立ちだけでなく、仕事に対するスタンスや考え方を語ることが重要（スタッフ）

Bサロンでは、店舗の中でも最も一所懸命働いていた3年目のアシスタントの話に、スタッフ全員が涙したそうです。彼女は自分の母親の死を乗り越え、将来は実家の美容室に戻るという目標を持ってまっすぐ働いています。「スタッフ因数分解法」で発表された彼女の考え方や仕事に対するスタンスが遅刻や欠勤の多かったスタッフにも影響を与え、行動を変えたようです。

成功させるための4つのポイント

　以上で紹介させていただいた2サロンの例を参考に、「スタッフ因数分解法」を成功させるために特に重要になってくるポイントをまとめると、次のようになります。

　これらは、コミュニケーションギャップの原因

がどちらにあろうと、共通して重要になるものです。

①普段とは違う雰囲気をつくること

　サロン内の雰囲気が少しぎくしゃくしていると感じたり、スタッフのオーナーや店長に対する尊敬の気持ちが強いサロンの場合、「スタッフ因数分解法」を行う場は、できるだけザックバランに話せるオープンな雰囲気にします。例えば大自然の中で行ったり、お菓子や飲み物を用意したり、輪をつくるように並んだり、椅子に座るのではなく床に直接腰を下ろして話す、などの方法があります。和室の畳の上で行うというのもいいでしょう。

　一方、普段から割とアットホームな雰囲気で、冗談を言い合ったりするような雰囲気のサロンの場合は、むしろ緊張感を持たせた場で行うのが効果的です。ホテルの会議室や研修施設で、演台を用意してマイクで話す、といった感じです。

②参加者全員が発表し、発表時間は、各自最低30分間は設けること

「30分間」と聞くととてつもなく長いように聞こえるかもしれませんが、「長い時間話してもらう」ことをスタッフに覚悟してもらいます。もちろん実際30分間話してもらうこと自体も重要ですが、それ以上に30分という時間を設定することで、嫌でも話す内容について真剣に考えなければならないような状況をつくることが目的です。せっかく「因数分解法」を実践しても、内容が薄いものになってしまえば効果は得られないからです。

③事前に十分な準備をすること

　いきなり自分の生い立ちを話せと言われても、すぐに話せるものではありません。まずは、自分の生い立ちを紙に書いて、提出してもらいます。その際、「美容師になったきっかけ」や「自分を変えた出来事」「一所懸命になったこと」など、何について書けばよいのか伝えておきます。

　しかし、やはり自分をさらけ出すのには抵抗があるせいか、誰でも最初に書いて提出する内容は浅いものになってしまいます。そこで「因数分解法」を中心となって進める進行役は、事前の1か月間で「もっとこの部分を詳しく書いて欲しい」とか、「このとき感じたこと、思ったことがもっとあるんじゃないか？」といったところをつっこんで、より内容が深くなるように面談を重ねます。Bサロンの場合、その作業を一人ひとり約30分ほど、事前に4〜5回にわたって行ったそうです。

④最低1つの「感動」を生む（進行役の重要性）

「スタッフ因数分解法」による効果には、自分のことを話すこと、人の話を聞くことによる変化の2つの面があります。参加者が全員、100％自らをさらけ出して話すことができるとは限りません。しかし、誰か1人がかなり深い思いや考え方について話すことで、その話を聞いた人に影響を与えることはできます。そこで重要なのが、進行役がその影響を与えられる人物を準備段階で見極め、発表の順番を考え、雰囲気をつくり出すことです。準備段階でスタッフの中に適

当な人物が見当たらない場合、自分の発表で感動を生む必要がでてきます。

メソッドを実践することによる
意外な効果を発見

　2つのエピソードを交え、「スタッフ因数分解法」を実践されたサロンへの取材レポートと、そこからわかる成功のためのポイントについて解説しました。「スタッフ因数分解法」によるサロンの変化としては、組織の一体化や、スタイリストになるまでの期間の短縮化といったことが挙げられます。また、スタッフの方々からは「指示が素直に受けられるようになった」「上司の知らない一面を知って、自分も頑張ろうという気になった」という感想をいただきます。

　しかし、取材をさせていただく中で、このメソッドを実践することによる意外な効果を発見しました。きっかけは、オーナーあるいは店長クラスの方から、「『スタッフ因数分解法』をしたことで、部下を叱りやすくなった」と言われたことです。美容室の仕事というのは、時間的にも体力的にもハードな仕事です。途中で「辞めたい」「逃

げたい」という気持ちが生まれるのが自然であるともいえます。コミュニケーションがうまくとれていないと、部下がそのような状態であることに気づくことができなかったり、気づいてもどう対応していいものか悩んでしまうことが多々あるようです。

　実は、新人がトップに対して距離感を感じるのと同じように、オーナーや店長の側にも部下に対する距離感があるのです。そのためヘンに遠慮をしてしまい、うまく部下を叱ることができない人が増えています。しかし、部下の生い立ちや考え方を知り、部下をまるごと受け入れることで、逆にヘンな遠慮がなくなり、相手を思いやった正しい叱り方ができるようになるのです。例えば、遅刻が多い部下や、欠勤が多い部下に対して、「今は逃げているな」とか、「こういう気持ちで休んでいるのだな」といったように部下の気持ちを理解しながら、その場に合った叱り方ができるようになったのだと言います。

　以上、「スタッフ因数分解法」について実践されたサロンの取材レポートというかたちで解説しました。ぜひ、みなさんのサロンでもこの「スタッフ因数分解法」を実践してコミュニケーションギャップのないスムーズなサロンワークを実践してください!

MEMO

Chapter 17

スーパー店長の「習慣化」事例に学ぶ、店長の役割とサロンの活性化

この章では、6つのポイントを習慣化し、継続的に実践することでスタッフ間のモチベーションアップを実現し、業績を伸ばしているサロンの実例をレポート形式でご紹介しながら、店長の役割について解説していきます。また「売り上げを伸ばすスーパー店長の特徴」という視点から、「習慣化」についてお伝えします。

CAREER SHIFT

キャリアシフトで強くなる

chapter 17

小さな習慣の継続が、"できる店長"をつくり上げる

美容師として幸せに仕事をする

　幸せに仕事をするためには、変えるべきものを変えていく力が必要です。変わって欲しいと願っているだけ、変えたいと思っているだけでは、現実の状況は変わりません。

　私たちは"VMM（Visionalize Method Management）"というかたちで美容師が幸せに仕事をするための方法を提案していますが、この章では変えるべきところを変え、さらに進化し続けることで、美容師として思い切り幸せに仕事をしているスーパー店長の1人をご紹介します。

VMM

　Visionalize Method Management（ビジョナライズ・メソッド・マネジメント）の「Visionalize」は、「Vision」「realize」（実現する）を組み合わせた、私たちが考えた造語です。
①美容師としての成長段階のしかるべき時期に、しかるべき能力をしっかりつける
②すべてのスタッフが能力差に関係なく、ある一定の基準に達することができる
　——この2点をテーマにした能力開発プログラムでアシスタント⇒スタイリスト⇒店長とステップアップしていくにしたがって、時期に応じてしかるべき能力を、能力差に関係なく身につけるために何が必要かを体系立てたもの。

習慣化の達人

　そこで今回ご紹介するのは習慣化の達人、大阪府高槻市にあるサロン『HAIR TIME』の総店長である石井博之さんです。『HAIR TIME』はJR「高槻」駅周辺に4店舗を展開しており、売り上げは前年度比140％近い伸び率で成長されています。その4店舗を現役プレイヤーとして統括するのが石井さんです。

　現在、美容室が急激に増加する中、「売り上げが伸びない」「スタイリストが育たない」「アシスタントが育たない」「スタッフがどんどん辞める」といったことに悩んでいる、あるいは「自分の将来がわからない」「店の将来が見えない」などの漠然とした不安を感じるというお話を経営者、店長の方々からお聞きすることもあります。その一方で、この数年間に石井さんのもとでは、売り上げが順調に伸びているだけでなく、若く優秀な店長やスタイリスト、スーパーアシスタントが続々と誕生しています。そして石井さん自身、毎日とても幸せに美容師として仕事をされている、その秘訣はいったい何なのか？　それがまさに、石井さんの飛び抜けた「習慣化」の能

図 石井さんのタイムスケジュール

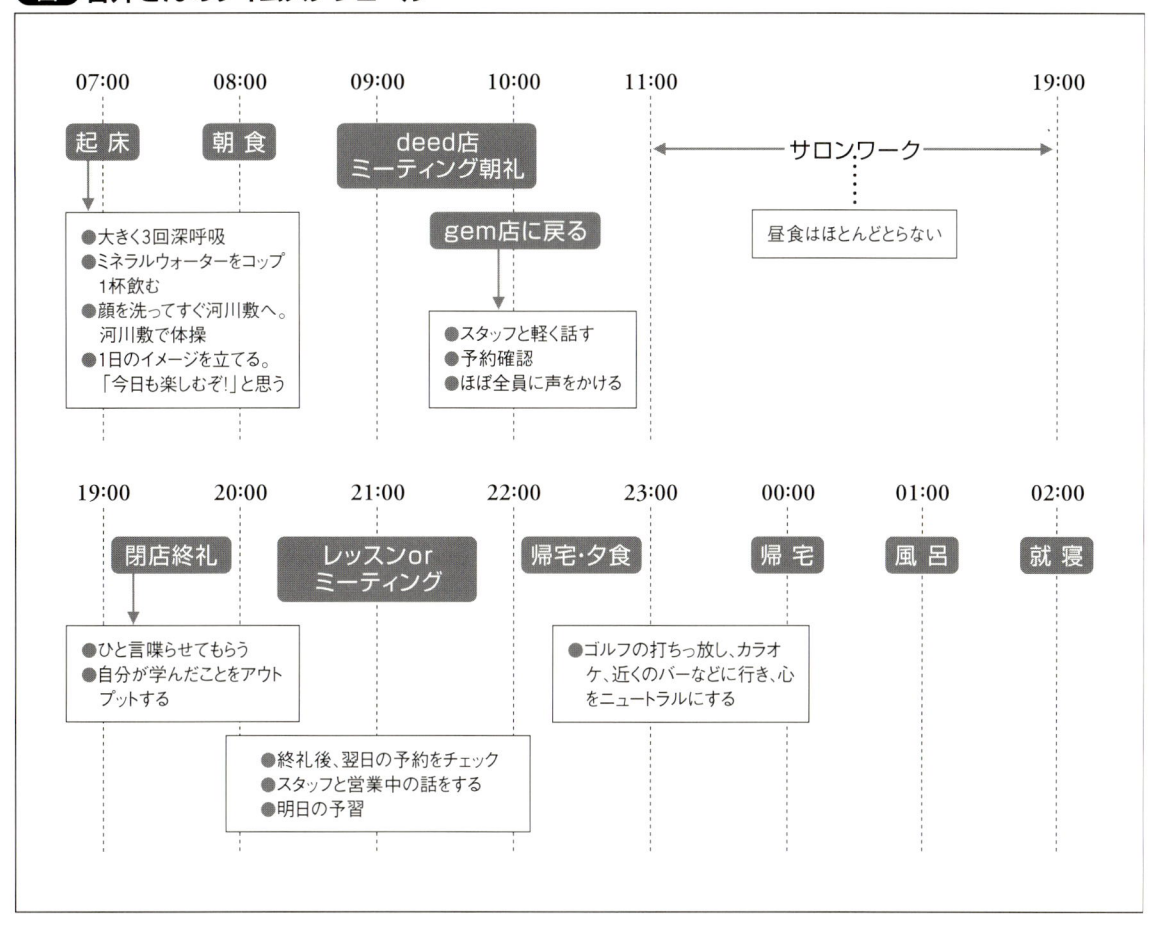

07:00	08:00	09:00	10:00	11:00 ～ 19:00
起床	朝食	deed店 ミーティング朝礼	gem店に戻る	サロンワーク

07:00 起床
- 大きく3回深呼吸
- ミネラルウォーターをコップ1杯飲む
- 顔を洗ってすぐ河川敷へ。河川敷で体操
- 1日のイメージを立てる。「今日も楽しむぞ!」と思う

10:00 gem店に戻る
- スタッフと軽く話す
- 予約確認
- ほぼ全員に声をかける

11:00〜19:00 サロンワーク
- 昼食はほとんどとらない

19:00	20:00	21:00	22:00	23:00	00:00	01:00	02:00
閉店終礼		レッスンor ミーティング		帰宅・夕食	帰宅	風呂	就寝

19:00 閉店終礼
- ひと言喋らせてもらう
- 自分が学んだことをアウトプットする

20:00〜
- 終礼後、翌日の予約をチェック
- スタッフと営業中の話をする
- 明日の予習

23:00〜
- ゴルフの打ちっ放し、カラオケ、近くのバーなどに行き、心をニュートラルにする

力にあるのです。では、実際に石井さんがどのようなことを習慣にして、1日を過ごしているのか…その一部をご紹介しましょう。

タイムスケジュール

まず朝は7時に起き、大きく深呼吸を3回して、ミネラルウォーターをコップ1杯飲む。顔を洗ったらすぐ河川敷に行き体操をする。そしてその日1日の流れをイメージし、『今日も1日楽しむぞ!』と思う。それから朝食を摂り、ゆっくり音楽を聴いたりしてリラックス。自転車か徒歩でいったん「gem」店に出勤し、9時になったら「deed」店に向かい、ミーティングと朝礼。終わったら「gem」店へ戻って予約の確認をし、ほぼ全員のスタッフに対して声をかける。オープンから閉店までは昼食もほぼなくお客様に対応し、閉店後の終礼では自分が学んだことについてひと言話す。終礼後は翌日の予約をチェックし、スタッフと営業中の話をし、翌日の予習をする。10時半くらいまでレッスンやミーティングを行い、帰宅してからゴルフの打ちっぱなしやカラオケ、バーに行くなどして心をニュートラルにする。再び家に戻ってお風呂に入って本を読み、午前2時頃就寝。

これが総店長である石井さんの1日です。石井さんの習慣は、このタイムスケジュールを見てわかる通り、早朝の有効な時間活用で1日のスタートに余裕を持つ、スタッフとのコミュニケー

chapter 17

ションを積極的にとる、日々学び続ける姿勢をとりながら学んだことのアウトプットをする、といったものだけではありません。その他にも、例えば「常にポジティブな言葉を使う」「失敗から学べば失敗なんてないことをスタッフに伝える」「反省するのはその日のうち、1日1日心を入れ替える」「いいと思ったことをすぐにメモする」など、すべて紹介するのがむずかしいほど多くのことを習慣化されていますが、ここではサロンワークの中でも特に、スタッフに対する行動を習慣化したものに焦点を当ててみましょう。

できる店長の大きな差を生む小さな6つの習慣

サロンワークの中で石井さんが実践されている習慣を参考に、当たり前のことだけれども実際にやり続けることで大きな差を生む習慣を6つにまとめたのが、右ページの"大きな差を生む小さな6つの習慣"です。

この6つの習慣は、決して斬新なものではありません。どんな店長でもどこのサロンでも、やっている、やろうと心がけている、あるいはやろうとしたことがあるものでしょう。しかし、どんな状況でも100％やっていますか？　長い間継続することができていますか？「習慣」になっているというのは、いつでもどんなときでもやっているから、やらないほうがかえって気持ち悪いと感じる状態です。石井さんは以下のように話していました。「まずはとにかくやってみるだけ。そして、むずかしいことに挑戦するよりも、当たり前のことをどんなときでもすること、長く続けること。そちらのほうがむずかしいし、効果が出る」。

しかし石井さんも数年前は、例えばある有名美容師が毎朝5時に起きていることや、朝はカフェでゆっくりと時間を過ごしながら1日のイメージを立てているといった話を知ったものの、いいとは思っていてもなかなか実践してはいなかったそうです。現在は、スタッフに変えて欲しいところがあるときには怒らずに、まず、よい点を褒めてから「こうすればもっとよくなる」とアドバイスするように習慣化されていますが、以前、なかなか人が育たなかった時期には怒鳴って言いたいことだけ言っていたこともあり、結局それでスッキリしているのは自分だけだということに気づかれたそうです。

では、何がきっかけで変わったのか？　どうして習慣化の達人になれたのか？　現在の大きな差はどこで生まれたのか？

現在は美容師として思い切り幸せに仕事をしている石井さんですが、そんな彼でもいわゆる"スランプ"の時期というものがあったそうです。プライベートではクルマの事故に立て続けに遭われたり、サロンワークではスタッフがなかなか育たなかったり…。そんなときに、まず変えようとせずに、小さなことから変え始めたことがポイントです。

まず、日常生活では小さなことや当たり前のことに「ありがとう」と思うことからスタート。サロンワークの中でも、ここで紹介した6つの習慣に関して、現在は6つとも完全に習慣化されて

いますが、いきなり6つすべてを習慣にしたわけではありません。約3年前、最初に始めたのは第1の習慣である「声掛け」、それから第2の習慣、第3の習慣と増やしていき、第5の習慣や第6の習慣が定着してからはまだ1年ほどだとのことです（1年間続いているというのが素晴らしいのですが！）。

大きな差を生む小さな習慣の意味

では、この6つの習慣が定着すれば、それが売り上げにつながるのか？　優秀な店長やスタイリスト、アシスタントの誕生につながるのか？ この6つの習慣とは、売り上げアップ、人材育成のための十分条件というわけではなく、あくまで必要条件なのです。つまり、この6つの習慣が定着すれば売り上げが伸びる、人が育つというわけではなく、6つの習慣を定着させることで、売り上げが伸びるための、人が育つためのベースが出来上がるのです。この6つの習慣は、すべてスタッフとのコミュニケーションの質を向上させるもの。自分を変えたければ、自分1人の力で変わることが可能です。しかし、お店を変えるためには、スタッフみんなで変わっていく一体感が必要となってきます。例えばリピート率アップのために接客力を上げようと、みんなでお客様を名前で呼ぶことの意味や目的、店長自身のやる気をきちんと伝えることですんなりと受け入れられるでしょう。しかし、いつも怒鳴っている店長、ほとんど話したことのない店長に言われたら、スタッフは果たして一所懸命に取り

大きな差を生む小さな6つの習慣

第1の習慣
スタッフに対して頻繁に声をかける

第2の習慣
スタッフに何かをしてもらったら「ありがとう」とお礼を言う

第3の習慣
何かを教える際には、まず実際にやってみせる

第4習慣
スタッフが何か話そうとしたら、言いたいことがあってもまず最後まで聞く（営業時間外）

第5の習慣
スタッフに変えて欲しいところがある時には怒らずに、まずよい点を褒めてから「こうすればもっとよくなる」とアドバイスする

第6の習慣
アシスタントと交代するときには、お客様にアシスタントのいいところを紹介する

組もうと思うでしょうか？　この6つの習慣は、やろうと決めたことを即店全体で実行できるように、お店に一体感を持たせるためのベースづくりなのです。

6つの習慣を自分に定着させるポイント

習慣化のためには、自分にとって簡単なものから始めることが大切です。例えば明日から第1の習慣である「声掛け」をするとします。これは、第6の習慣である「紹介」よりはるかに簡単なことだと思いますが、さらに簡単にすることで継続が可能となります。ポイントは、①何を言うか決める、そして②なるべくよいことを言う、です。例えば石井さんの場合は、「その人への褒め言葉」と「変化した点」を伝えるというふうに決めているそうです。初めは複数決めるよりも、

「褒め言葉」といったように1つに決め、スタッフ一人ひとりのよいところを1つずつ頭にインプットしておきます。例えば、笑顔が素敵なAさんという人がいるならば、"Aさんを見かけたら笑顔を褒める"と決めておきます。すると、Aさんに対して「おっ！ 今日もいい笑顔だね」と簡単に声をかけることができます。"ファッションセンスのいいBさんを見かけたら服を誉める"と決めておけば、Bさんを見た瞬間に「今日の(服の)組み合わせもいいね」と声を掛けることができます。褒め言葉やいいことであれば、たとえいつも同じことであっても、言われて嫌な気はしないものです。

同じように第6の習慣である「紹介」に関しても、スタッフ一人ひとりを紹介するときの各"決め台詞"をつくっておくことで、その場で考えるよりもはるかに簡単に実践することが出来ます。習慣を自分に定着させるポイントは、なるべく簡単にできる方法まで落とし込み、とにかくやり続けることです。習慣化ができたと思って初めて、内容にバリエーションをつけていけばよいのです。

良好な関係を築かせることで人が育つ環境をつくる

ここで「gem」店のアシスタントである池田暁志さんをご紹介します。アシスタント時代に差別化できることとして、「シャンプー指名を目指す」という話をよく聞きます。池田さんはどうすれば自分がシャンプーでお客様に喜んでもらえるかと考え、他のアシスタントとともに、シャンプーの洗い方やマッサージの仕方を変えた「リフレッシュコース」と「リラクシングコース」という2種類のコースをつくり、それがお客様に大好評となっています。今後の活躍がさらに期待される中で、「学生時代の生活と美容師としての生活を比べると、今のほうが本当に毎日楽しいし、充実している」そうです。その池田さんの話の中で、「自分が石井からお客様を引き継ぐときに、自分のことをお客様に紹介してくれるだけでなくて、お客様のことも自分に紹介してくれるから、そのお客様とスムーズに会話に入ることができる。そういう小さなことがとても嬉しいし、そうすることでお客様と近づくことができ、もっとお客様のことを考えることができるようになった」と言われていたのが印象的でした。

アシスタント時代のちょっとした差が、5年後には技術、売り上げ、サービスの心などの面で大きな差となって現れます。そして店長であればみなさん、優秀なスタイリストはもちろん、優秀なアシスタントの重要性を認識されています。お客様の気持ちに気づくことの出来る優秀なアシスタントを育てたいと思うのなら、石井さんが習慣化している「紹介」のように、アシスタントが育つことの出来る環境をつくることが有効です。例えば、新人の"入ってすぐにやってしまったミス"としてよくあるのが、顔を知らないVIPのお客様に対して「お客様カード」の記入をお願いしてしまった、というものです。このようなことが起きないように、前日の予約確認や朝礼の段階でお客様に関する情報を共有しておくことは当然

必要です。しかし、突然予約なしにVIPのお客様が来店されるなど不測の事態の場合もあります。もちろん石井さんのように、失敗から学べばいいというスタンスを店全体で共有することがベストですが、他にも方法はあります。その1つは、入ってきた瞬間に、そのお客様のことを知っている店長や先輩スタイリストが「○○様、ようこそいらっしゃいました！ いつもありがとうございます」と言うことです。それだけで、周りの新人もその人がVIPのお客様であることがわかります。もちろん、対応の仕方に関してはお店の雰囲気やお客様によって変える必要がありますが、こういった行動には石井さんの「紹介」の習慣と同じように、「お客様とアシスタントをつなげる」という機能があるのです。アシスタントがお客様とよい関係を築けるような環境をつくることで、アシスタント自身の「もっとお客様に喜んでもらいたい」「もっと成長したい」という思いを引き出すことが優秀なアシスタントを育てるコツなのです。

　以上、この章では「店長の習慣化」というテーマを中心に、店長の役割について取材レポート形式で解説しました。明日からいきなりスーパー店長になることは無理でも、3年後にスーパー店長となっているのは小さな習慣を続けたみなさん自身です。まず、スタッフ一人ひとりのいいところを紙に書き出し、声をかけるところから始めてみてください！

MEMO

Chapter 18

スーパー店長の事例に学ぶ、ミーティング力をつけるためのメソッド

この章は、売り上げを伸ばす"スーパー店長"が備えていなければならないスキルの1つである「結果を出せるミーティング力」がテーマ。実際に業績が伸びているサロンのミーティング事情を交えながら、ミーティング力をつけるメソッドを解説していきます。

CAREER SHIFT

キャリアシフトで強くなる

参加者各自の役割が明確で、前向きになれる──。それが「結果を出せる」ミーティング

美容室でのミーティング

　サロンワークの中ではさまざまなミーティングが行われます。朝礼・終礼といった毎日行われるものから店舗ごとのサロンミーティング、さらに店舗展開する美容室や1店舗のスタッフ数が多い美容室の場合は、"原価率を下げる"や"接客力の向上"といった目的を持つプロジェクト別のミーティング、キャリア別、社歴別ミーティングなどが主だったところでしょう。毎月ミーティングはしているものの、何となく集まっているだけで成果に結びついていない気がする…そんなミーティングをしていませんか？　ここでは、店の売り上げに大きな影響を与える、サロンミーティングに焦点を当ててお伝えしていきます。

ミーティング力をつけて「結果を出せる」ミーティングを

　「結果を出せる」サロンミーティングとはいったいどんなミーティングなのでしょう？　それはミーティング後、参加者がこれから自分が何をすればいいのか明確にわかっており、それに対して各自「よし、やるぞ！」と前向きになっているものです。せっかく時間をつくって人を集めてミーティングをしても、「何のために集まったのかわからない」「結局何も決まらなかった」「参加者が『自分が参加した意味がない』と感じる」、あるいは「ミーティングで決まっても現場で実行されないから結果が出ない」ようなものになってしまっては意味がありません。どうすれば結果を出せるサロンミーティングにすることができるのか、そのポイントを解説しましょう。

結果を出せるミーティングのポイント

　私たちはミーティングを行程別に、①「事前準備」、②「話し合いと決定」、③「実行」、④「検証」の4ステップに分けています。話し合いの場だけでなく、そのための事前準備やミーティングで決定したことの実行、そして検証まですべて含めて考えることがポイントです。

　さて、この4ステップの中で最も重要であると同時に難易度が高いのがステップ1の「事前準備」です。自分が行うミーティングがどれだけ「結果を出せるミーティング」になるかは、開始までの「事前準備」で90％決まります。

ステップ1
事前準備の2つのポイント
●ポイント1
　事前準備の段階で最も重要なのが、ミーティングの主催者がそのミーティングの目的をできる

図 ミーティングの4ステップ

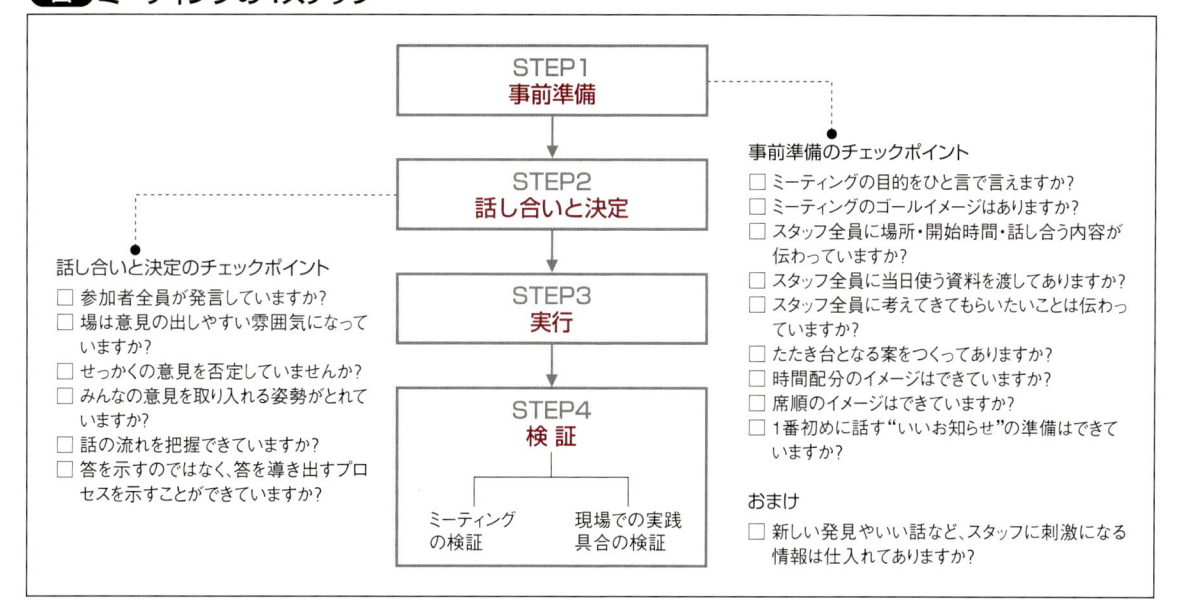

```
STEP1 事前準備
　↓
STEP2 話し合いと決定
　↓
STEP3 実行
　↓
STEP4 検証
　├ ミーティングの検証
　└ 現場での実践具合の検証
```

話し合いと決定のチェックポイント
- □ 参加者全員が発言していますか？
- □ 場は意見の出しやすい雰囲気になっていますか？
- □ せっかくの意見を否定していませんか？
- □ みんなの意見を取り入れる姿勢がとれていますか？
- □ 話の流れを把握できていますか？
- □ 答を示すのではなく、答を導き出すプロセスを示すことができていますか？

事前準備のチェックポイント
- □ ミーティングの目的をひと言で言えますか？
- □ ミーティングのゴールイメージはありますか？
- □ スタッフ全員に場所・開始時間・話し合う内容が伝わっていますか？
- □ スタッフ全員に当日使う資料を渡してありますか？
- □ スタッフ全員に考えてきてもらいたいことは伝わっていますか？
- □ たたき台となる案をつくってありますか？
- □ 時間配分のイメージはできていますか？
- □ 席順のイメージはできていますか？
- □ 1番初めに話す"いいお知らせ"の準備はできていますか？

おまけ
- □ 新しい発見やいい話など、スタッフに刺激になる情報は仕入れてありますか？

だけ明確にし、ミーティングが終わったときにはどんな状態になっていればよいか「ゴールイメージ」を決めておくことです。「何のために集まったかわからない」ミーティングになってしまう場合の多くは、主催者の中でそのミーティングの目的が明確になっておらず、ゴールのイメージを持つことができていないことに原因があります。

ここで、目的別にミーティングを5種類に分けたものをご紹介します。

①**アイデア出しが目的の「ブレーンストーミングミーティング」**
②**報告やそれに対する承認を得る事が目的の「報告型ミーティング」**
③**何か決めることが目的の「ディスカッション型ミーティング」**
④**何かを行った後、それに対する反省や次回レベルアップのために行う「検証型ミーティング」**
⑤**お互いの理解を深め仲よくなるための「コミュニケーション型ミーティング」**

通常サロンミーティングでは、次の季節のキャンペーン内容決定や、接客状況の改善など、何かを決める③「ディスカッション型ミーティング」を行うことが多いと思います。しかしその際、みんなでその場でアイデアを出すだけの①「ブレーンストーミングミーティング」や、結局店長の意見が通る②「報告型ミーティング」になってしまっていませんか？

結果を出すためには、ミーティングが終わった時に、これから実行するべきことがきちんと決まっていることが重要です。みんなでアイデアを出すだけで終わってしまうことが、「結局何も決まらなかった」と感じるミーティングになってしまう大きな原因です。また、一応スタッフみんなで集まって話し合いをするものの意見が出ない、あるいは意見が出ても結局店長が自分で考えた案が通ってしまうようなミーティングでは、参加者は「自分が参加した意味がない」と感じてしまい、例え次の日からやることがわかっていても、やる気が起きません。

目的が明確になったら、それをさらに具体的にしてより明確な「ゴールイメージ」を持ちましょう。例えば接客状況の改善のためのミーティン

グならば、「改善のために明日からスタッフ全員で必ず実践することを3つ決める」といったような感じです。

●ポイント2

事前準備で重要なポイントの2つ目は、ミーティング前にできることはすべて済ませておくことです。ミーティングの時間が長くなればなるほど、参加者の集中力は低下します。一般的に人の集中力が持続するのは、90分から長くて2時間といわれています。事前にミーティングのゴールイメージを参加者に伝え、各自アイデアを準備して参加してもらうことで、時間が短縮されます。その際、ミーティングを主催する店長が「たたき台」をつくっておき、ミーティングではそのたたき台をもとに、参加者の準備をしてきたアイデアを付け加えたり修正したりしながら仕上げると、より効率的です。

ステップ2
話し合いと決定＋実行と検証

事前準備がしっかりできていれば、当日の進行はスムーズに行われます。まず当日、ミーティングを始める前に大切なのが、席順です。スタッフ数とスペースにもよりますが、できるだけお互いの顔が確認できるように輪になって座りましょう。その際、席順を自由にすると自然と仲のよいスタッフ同士が近くに座ります。それ自体は悪くないのですが、普段のミーティングでの発言量を見て偏りが出ないような席順にすることがポイントです。発言量の多いスタッフがかたまると、そこだけで話し合いが進んでしまい、他のスタッフの参加が促されません。できれば司会進行と、発言量が多いかキーパーソンになるスタッフが均等にバラバラになって座り、輪全体で話し合いが進むように、店長が席順に注意を払いましょう。

ミーティングが始まってからは、店長ができるだけ"ファシリテーター"となって司会進行をします。"ファシリテーター"とは、直接的にディスカッションに参加せず（なるべく自分の意見を言うことは控える）、「みんなが話し合いに参加しているか」「今の場は意見を言いやすい雰囲気になっているか」といった点に気を配りつつ、参加者の発言を引き出しながらミーティングをまとめていく人のことです。ミーティングで決定された事項は、現場で実行されて意味をなします。現場での実行のためには、スタッフ全員がディスカッションに参加し、「自分が決定に関わった」という意識を持たせることがポイントです。ゆくゆくは誰か他のスタッフに順番でファシリテーターを任せ、みんながミーティングをうまく進行していけるようになるのが理想です。そうすることで、参加者全員がミーティングの進行に気を配ることができるようになります。

そして最後に、決定したことに対する店長自身の「できる」という自信や前向きな姿勢を見せ、スタッフ全員のモチベーションを上げて、ミーティングを終了させることが大切です。ミーティング後は決定事項がきちんと実行されているか、定期的にチェックすることも重要です。

伸びているサロンのミーティングの進め方

　ではここで、東海地方を中心にユニークなコンセプトで続々と新しい店舗を出店して注目を集めている『TJ天気予報』の中で、近年オープンした『TJ天気予報1コ可児店』のミーティングの様子をご紹介しましょう。
『TJ天気予報1コ可児店』は現在スタッフ数が18名で、順調に売り上げ目標を達成しています。ここでご紹介するのは、毎月下旬に行われる店舗の全スタッフが参加するサロンミーティングで、今回は土曜の夜8時過ぎから2時間で、メニュー／おもてなし／カラーの各プロジェクトからの議題と、新人を迎えるにあたっての準備という4つが大きなテーマとなっていました。

　さて、「事前準備」とはいったいどのように行われているのでしょうか？　『TJ天気予報1コ可児店』の場合、ミーティングの1週間前に、1週間後のサロンミーティングで話される内容について、店長がパソコンから全スタッフの携帯電話宛にEメールを送って知らせます。「知らせたつもりが伝わっていなかった」ということはよくありますが、携帯メールの活用で簡単かつ確実に知らせることが出来るとのことです。そしてそれぞれのテーマに対して、中心となるグループで事前に集まって話し合い、たたき台となる案をつくっておきます。また、テーマを知らされたスタッフも各自で、それぞれテーマに対する自分の考えをまとめておきます。

　ミーティング当日は、参加人数分のイスを大きな円形状に並べ、ミーティングを進める店長の座る後ろ部分にホワイトボードを用意します。スタッフが18人いるので、18個のイスでつくられる円は結構な大きさになりますが、あくまでイスを1つの円に並べて話し合うことでお互いの顔が確認でき、会議に対する一体感が生まれていました。また、ミーティング開始前に既にホワイトボードに必要事項が書き込んであり、スタートしてすぐに話し合いを始めることができていました。開始前に出来ることはすべて整えておくことが、ミーティングを効率よく行うキーポイントであることがわかります。

　ミーティング開始時は全員で起立し、「お願いします」の挨拶でスタートします。進行役は店長が務め、初めに当月の売り上げ目標に対する結

果の発表が行われました。目標達成の結果に対してスタッフ全員から拍手が沸き起こり、明るいスタートとなりました。最初はお客様からのお褒めの言葉や目標達成の結果報告など、参加するスタッフにとって嬉しい話をすることで、その後のミーティングの雰囲気がよくなります。続いてキャンペーンプロジェクト責任者から春のキャンペーンメニュー案の説明とそれに対する話し合い、接客力向上が目的の「おもてなしプロジェクトチーム」からの提案、店長を中心に新人受け入れ準備に関する話し合い、最後にヘアカラー比率向上プロジェクト責任者からヘアカラー比率に関する結果報告という流れで進みました。

司会進行を務める店長が、各プロジェクト責任者と事前にミーティングで話す内容について打ち合わせているため、当日はあくまでサポート役として進行を進めていました。また、進行役である店長は、「一般消費者が美容にかける金額」や「美容業界の流れ」といった話し合いの内容とは直接関係ない"小ネタ"を各テーマの間に話すことで、ミーティングにメリハリがついていました。

決定段階では、落とし込みのための決定事項の具体化も、かなり細かい部分までなされていました。例えば「おもてなしプロジェクト」からの提案で、スタッフの間でおもてなしの項目についてよく出来ている人の投票を行い、発表しようというものがありました。投票用紙を配布して後日回収し発表するという流れの中、回収担当者、回収する時間を決めるだけでなく、結果を紙にまとめたものを貼り出す場所まで具体的に決めていたのが印象的でした。

結果を出せるミーティングができるようになるために

事前準備に関しては、チェックポイントを参考にしながら何度か回数を重ねることで、だんだんと効率よく行うことができるようになります。毎回ミーティングの後に「これも事前にできたのではないか」と感じた点を付け加えながら、自分流のチェックポイントをつくっていくことをお勧めします。

一方、ミーティングを"ファシリテーター"として上手に進行し結果を出せるようにするためには、ミーティング自体を観察しながら工夫していく必要があります。しかし、いざミーティングが始まると話し合いの内容に気を取られてしまい、なかなかミーティング自体を分析することができないという話をよく聞きます。では、どうすれば結果を出せるミーティングをすることができるようになるのでしょう? そのメソッドが、ステップ4のミーティングの「検証」です。

「ミーティング検証法」

「ミーティング検証法」とは、ミーティングをビデオで撮影し、ミーティング後にそれを見ながら検証していくというものです。結果を出せるミーティングを行おうとしても、初めはミーティングの話の内容に気を取られてしまい、タイムマネジメントや参加者の発言量のバランス、発言者へのリアクションの仕方まで気を配ることができません。しかし、ビデオに撮って後から分析するこ

とで、「このスタッフは全然自分の意見を言っていないぞ」とか、「このときこう反応すれば、もっとあのスタッフの意見を引き出せたかもしれない」など、現場の様子や自分の言動を冷静に観ることができます。ミーティング中は周りに気を配りながら進めているつもりでも、ビデオを見てみると案外できないところが見えてきます。そうすることで、「次はもっとこんなふうにしよう」という自覚が生まれ、"ファシリテーター"としてのスキルを磨いていくことができます。

結果を出すための秘訣

　ミーティングは準備で90％決まり、当日の進行で残りの５％が決まるということについては既にお伝えしました。では、結果を出すための最後の欠かせない５％はいったい何でしょう？　それは、普段のコミュニケーションです。『TJ天気予報１コ可児店』の店長が、ミーティングの内容についてスタッフのみなさんの携帯電話にメールで知らせることは既にお伝えしました。実はその時にミーティングの内容だけでなく、会社からのお知らせや日々店長が思うこと、新しく知ったためになる情報なども随時携帯メールに配信しているそうです。そうすることで、会社の方針や店長の想いを、定期的にスタッフに伝えることができます。変わっていくためには店全体の一体感が必要です。結果を出せるミーティングにするためにも、普段のコミュニケーションで一体感というベースをつくっておくことが重要です。

　また、今回取材させていただいた『TJ天気予報１コ可児店』には、結果を出せるミーティングの更なる隠れたポイントがバックルームにありました。取材の際、バックルームを見せていただいたところ、スタッフのみなさんでまとめた自店のコンセプトや、お客様アンケートの結果とそれをふまえた改善策などが、壁全体を使って天井にまで貼ってありました。お客様アンケートを実施し、その結果を話し合って改善策を考えただけで終わってしまうのではなく、その結果を大きな画用紙を使って、色鉛筆でイラストを交えながらカラフルにまとめてバックルームに貼っておくことで、スタッフのみなさんも毎日必ず目にすることになります。また、カラフルにイラスト入りで書いてあるため、バックルーム全体が明るく楽しい雰囲気になっていました。

　「ミーティング」というと、話し合いの内容や進め方などミーティングをするときばかりに注意が向けられがちです。それと同時に事前準備や日頃のコミュニケーション、ミーティング後の行動も大切にしながら、「ミーティング検証法」を繰り返し、ぜひ結果を出せるミーティング力を身につけてください！

MEMO

Chapter 19

繁盛サロンの店長育成実例に学ぶ、壁を超えさせるための「コピー法」と「工程分析法」

この章では、美容師としてプロになるための「守・破・離」のプロセスの中から、100万円の壁を突破するための「破」のステップに焦点を当て、「コピー法」と「工程分析法」について、実例を交えながら解説していきます。

CAREER SHIFT

キャリアシフトで強くなる

「コピー法」と「工程分析法」で、店長としてふさわしい売り上げを達成する

道を極める「守・破・離」のプロセス

みなさん、「守・破・離」という言葉を聞いたことはありますか？ 元々は能を確立した世阿弥の教えで、人が道を究めてプロになろうとする成長過程を概念的に表したもの。不白流茶道開祖である江戸時代の茶祖の川上不白が記した『不白筆記』にも登場します。現在では、剣道や柔道といった武道をはじめ、華道や茶道、歌舞伎等の伝統芸能の分野など、何かの"道"を極める世界では必ず使われる言葉です。「守・破・離」の3段階について簡単に説明すると、以下のようになります。

- 守…どんな道にも必ず存在する基本の「型」をひたすら学ぶ段階
- 破…会得した「型」を破り応用する段階
- 離…「型」を離れ、自然に自分にしかできない独自の方法を確立する段階

これを"美容師道"に当てはめると、技術の基礎や基本的な接客の仕方を徹底的に身につけるのが「守」の段階で、月間売り上げ80万円くらいまでがこの段階です。その「型」を破り、100万円の壁を突破するのが「破」の段階で、この章ではここに焦点を当てます。

さらには自分にしかつくり出せないスタイルや自分独自のキャラクターを最大限に活かした接客方法を確立するのが「離」の段階で、月間売り上げ200〜300万円のスタイリストがこの段階に当てはまります。

ここでご紹介する3人の店長も全員キャラクターがまったく違い、それぞれが得意な分野を活かして店長をしています。しかし、彼女たちも初めから個性を活用してやってきたわけではなく、オーナーをモデルとした「守」のステップ、100万円の壁を超える「破」のステップを経て、現在200万円スタイリストであると同時に、さらに何人もの優秀なスタイリストを育てる店長にいたっています。その中でも「破」の段階でエピソードをご紹介しながら、みなさんのサロンで実践することが出来るよう、メソッドとしての「コピー法」「工程分析法」をご説明します。

「破」のステップ：100万円の壁

人が育つ「守・破・離」の段階については既にお話しましたが、これをスタイリストが育つ段階に当てはめて表すとこのような図になります。次ページの【図1】を見ていただければわかるように、スタイリストになってから技術の基本の型をしっかり守り、モデルとするスタイリストの接客方法を徹底的に真似ることで、50万円、80万円と売り上げを伸ばすことはできます。しかし、

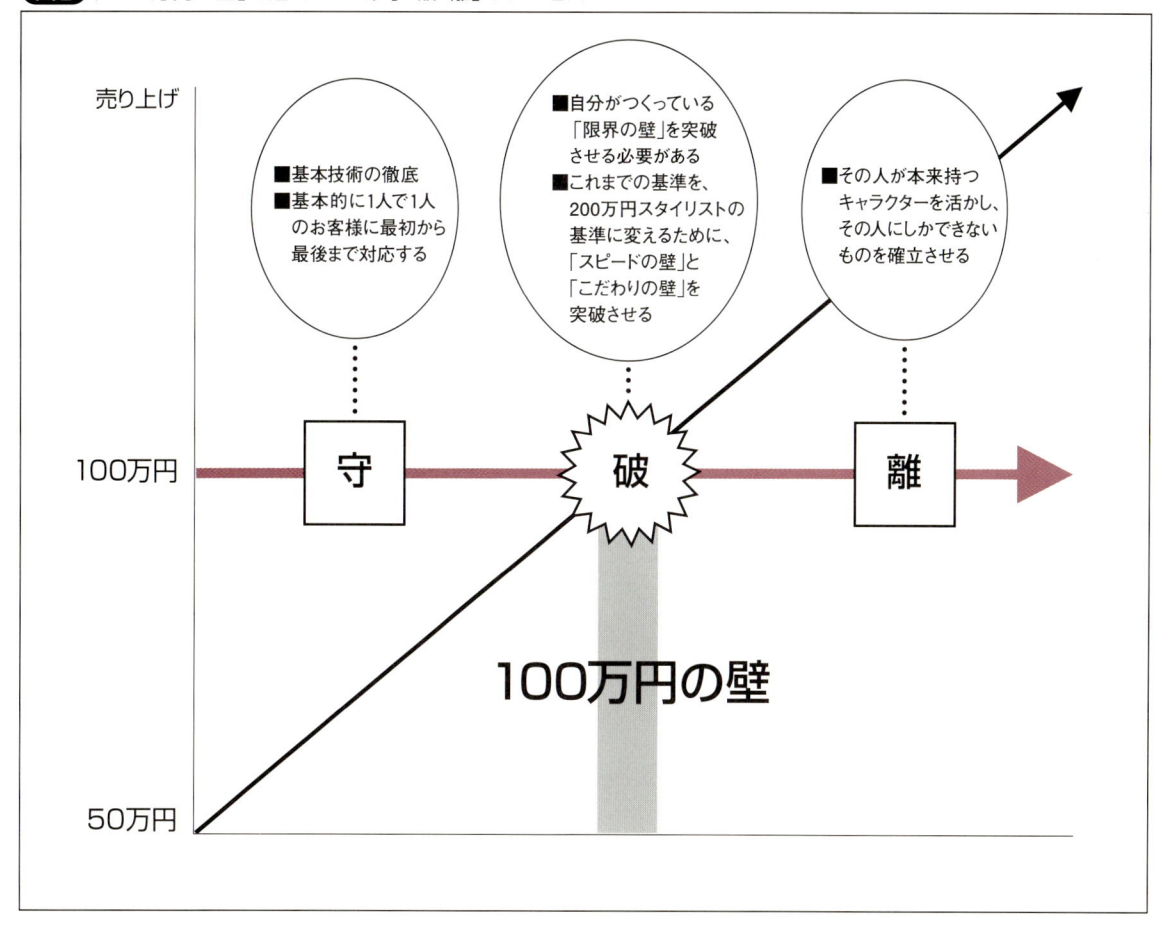

chapter 19

図1 「100万円の壁」を超えていく「守・破・離」のプロセス

- 守：
  - ■基本技術の徹底
  - ■基本的に1人で1人のお客様に最初から最後まで対応する
- 破：
  - ■自分がつくっている「限界の壁」を突破させる必要がある
  - ■これまでの基準を、200万円スタイリストの基準に変えるために、「スピードの壁」と「こだわりの壁」を突破させる
- 離：
  - ■その人が本来持つキャラクターを活かし、その人にしかできないものを確立させる

（縦軸：売り上げ　100万円／50万円　中央に「100万円の壁」）

例えば目安として100万円の壁というものが必ず存在します。この壁を突破するためには、「守」の段階で売り上げを80万円くらいまで伸ばすために守ってきた「型」を捨て、無意識のうちにつくっている限界＝壁を突破する、「破」の段階に進む必要があります。

壁を突破するメソッドを受け入れさせる「ショック療法」

100万円の壁を突破する「破」の段階では、「守」の段階で行ってきた仕事の仕方を抜本的に変える必要があります。具体的には①**技術のスピードを上げる、②ヘアカラー剤やパーマ剤の塗布などをアシスタントに任せる**——の2点です。それまで通り、基本的に自分1人が自分のペースで1人のお客様に対応していたのでは、いつまで経っても100万円の壁を突破することはできません。100万円を超えるためには、それまでは『これで限界』だと思っていた人数以上のお客様に対応する必要があります。

「守」の段階で基本の「型」をマスターすると、無意識のうちにその基本の「型」が自分の限界だと錯覚してしまいます。そのような錯覚によってできた「壁」を突破するには、壁を突破するメソッドである「コピー法」と「工程分析法」が有効です。しかし、その前に、まずは素直に受け入れさせる心の状態にするための「ショック療法」が必要なのです。

「ショック療法」によって心が素直な状態になっ

たら、それまで守ってきた基本の「型」を崩して応用段階である200万円スタイリストが持つ基準へと変化させるために、「コピー法」と「工程分析法」を使います。この段階では、200万円スタイリストが持つ基準を明確に示し、確実に実践させることがポイントとなります。

200万円スタイリストが続々育つ
オンリー女性サロン

ここで今回取材を行った、岐阜市で「Mitis」「Amply Hearts」「Pace」の3店を展開する『KOコーポレーション』についてご紹介します。このサロンは社長以下全員が女性で、この7年間で8人の200万円スタイリストが育っています。社長や店長自身で200万円スタイリストに育て上げている人材教育の秘訣について、背中を見せて育てる「Mitis」の店長上杉いくみさん、技術やスタイルに対して強いこだわりを持つ「Amply Hearts」の店長・大中美佳さん、壁を超える者の辛さが人一倍わかる「Pace」の店長・藤谷咲子さんという、3人の個性豊かなスタイリストが店長を務めています。

非日常を体験させる「ショック療法」

3店舗の中でも最も新しい「Pace」店長の藤谷咲子さんは、自称「負けず嫌い」のとてもセンスあるタイプで、順調にアシスタントからスタイリストになり、センスを活かして「型」を徹底的に守ることで月間売り上げ80万円までスムーズに伸びました。しかしそこから、あと一歩というところで「100万円の壁」をなかなか超えられない時期があったそうです。具体的にはスタイリストになってちょうど2年ほどが経った頃で、80万円まで伸びてくる際に守ってきた「型」を破ることができず、「何かをしなくちゃいけないのに、何をしていいのかわからない…」と悶々としていたとのこと。そんな時、たまたま私たちが不定期で行っている「繁盛サロン視察ツアー」があり、『KOコーポレーション』の岡本社長は何かのきっかけになればと藤谷さんに参加を勧めました。そこで行われた繁盛サロンのスタッフとの交流の中で、まだアシスタントにもかかわらず自分の仕事に誇りを持ち、切々と仕事への熱意を語る繁盛サロンのアシスタントのスピーチを聞き、淡々と仕事を"こなす"だけの自分と比べて大きなショックを受けたそうです。彼女はツアーから戻って見事100万円の壁を突破し、今では200万円スタイリスト、店長として活躍しています。このように壁を突破させたいスタッフを研修やコンテストに参加させて非日常体験の中でショックを与えるのも1つの方法です。

また、上杉さんや大中さんは岡本社長に叱られたことが壁を突破するきっかけとなったと話していました。普段はとにかく明るく前向きで、人を誉めまくる岡本社長ですが、人を叱るときは涙を流しながら叱るそうです。普段優しいタイプの人であれば叱ることで、普段厳しいタイプの人であれば思いやる言葉で、なかなか自分の想いを伝えられないタイプの人は思い切って相手に対する想いを伝えるなど、壁を突破させた

いスタッフに対して普段の自分とはギャップのある行動をとることえ意図的に「非日常」を体験させ、ショックを与える方法もあります。

「やればできる」の意識付けと「こうすればできる」の基準づくり

『KOコーポレーション』では、岡本社長が現役で店長をしていた時代から、自分のことも他人のことも「とにかく誉めまくる」という習慣があります。例えば、自分のお客様に対して、「かっこよくなりましたね〜、まるでトム・クルーズみたい！」と大げさに誉め、その後必ず「私って上手！」と自分を誉めます。また、他のスタイリストに対しても、「あなたならできる！」「あなたってすごい！」といったふうにとにかく誉めまくります。そういった習慣が、「やればできる」の意識づけとなっているのです。この意識づけは軽視されがちですが、実はスタッフ間の「やればできる」という意識の有無で、メソッドの効果の現れ方に大きな差が生まれるのです。

そして100万円の壁を突破するためには、技術や接客に関しても月間80万円の売り上げまでの基本の「型」を破り、200万円スタイリストが持つ応用段階の基準に変えさせる必要があります。例えば80万円スタイリスト時代は1日の平均対応客数が5〜6人、カットに30分かけていたとすると、100万円の壁を突破するためには1日7人のお客様に対応し、カットは15分で終わ

表1 モデル基準と現状の比較表

項目	トップスタイリスト	自分
平均客数（1日）	人	人
最も忙しい日の客数（1日）	人	人
平均カット時間	分	分
平均ヘアカラー剤塗布時間	分	分
平均パーマ剤塗布時間	分	分
担当したお客様の平均店内滞留時間	分	分

図2 モデル基準と現状の推移比較図

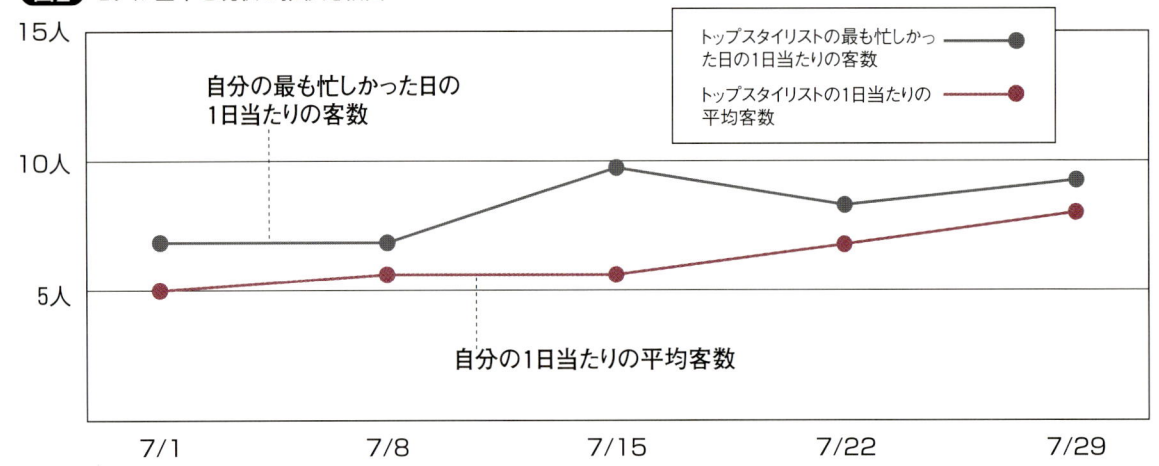

らせる必要がある、といった200万円スタイリストが持つ具体的な数値基準を教えます。また、1人のお客様に対して最初から最後まで対応する接客から、カットだけを担当する場合の接客の仕方を教えます。200万円スタイリスト自身は既に身体に染みついているものなので無意識に行動しますが、育てる際にはその基準を明確に示すことがポイント。基準を示すことで、100万円の壁に突き当たっているスタイリストが、今自分はどのレベルにいて、どの部分を伸ばせば200万円スタイリストになれるのかを自分自身で把握できる仕組みをつくるのです。

基準を明確に示すには、まずオーナーや店長自身の行動で示す必要があります。現在「Mitis」では、上杉店長の下で月間350万円売り上げるスタイリストが育っています。上杉さんはスタッフに対して、言葉で細かく説明するより行動で示すタイプ。彼女はお客様の姿が見えたらすぐにドアを開けて笑顔でお迎えし、お客様が帰る際には自分の担当であるなしに関わらず「ありがとうございました！」と大きな声でお見送りします。

このように徹底した行動をスタッフに見せる

ことで「お客様への挨拶は元気よく心を込めて」と言うだけでは伝わらない、表情やちょっとした仕草、お客様との距離感などの細かい部分まで、スタッフ全員に真似させることができるのです。また上杉さんの場合、「とにかくお客様をお断りしない」「うちで切りたいというすべてのお客様に対応したい」という強い気持ちから、カットのスピードが1人のお客様に対して平均12～13分という早さを武器に、自ら休む間もなく最大限のお客様を担当します。このように自分の背中を見せることで、スタッフに「毎日10人のお客様に対して、だいたい15分くらいでカットすれば自分も200万円スタイリストになれる」という基準を示すことができています。また「Amply Hearts」店の店長である大中さんは、「お客様の位置がここなら自分はここにたち、こういうふうにハサミを傾けてこの角度で切る」といったかたちで技術やスタイルに対する強いこだわりを明確な基準として示しているそうです。

壁を崩すための「コピー法」と「工程分析法」の使い方

　明確な基準を示すことがポイントであることは既にお伝えしました。その目指すモデルの基準に近づくための方法として、「工程分析法」のようにモデルスタイリストの行動を分類しながら、同時にご紹介した「コピー法」と同じように、モデルとなるスタイリストの行動をコピーする具体的な手法をお伝えします。

　まず、技術に関しては時間や人数のように数字に表せるものと、立ち位置やハサミの持ち方など目で観なければわからないものに分けられます。また、接客の仕方に関しても決めゼリフのように言葉で表せるものと、仕草や表情のような目で観なければわからないものに分けられます。数字で表せるものについては前ページの【表1】のようなフォーマットを使って、モデルとするスタイリストの基準と自分の差を明確にさせます。差が明確になったら、モデルのスタイリストの基準に近づけるために、定期的に記録をとって図に表し、どれだけ自分が進歩しているのかひと目見てわかるようにします（【図2】）。

　技術に関する立ち位置やハサミの持ち方、接客の際の仕草や表情など目で観なければわからないものは、モデルと自分が並んで同じことをする様子を観てもらい、どこが違うのかコメントしてもらいます。また、モデルと自分の姿をビデオで撮影しておけば、自分の目で確認できます。その際には、自分の行動とモデルの行動が少しでも「違う」と感じた部分について、どこがどう違うのかをメモしておき、次回コピーするときの参考にします。

"真似させる"のではなく"真似したいと思わせる"

　ここまで、人を育てる「守・破・離」のプロセスと壁を超えさせるための「ショック療法」、また「破」の段階での壁を崩すメソッドについてお話してきました。しかし、これらのメソッドを使っても、200万円スタイリストが育たないケースが

chapter 19

あります。それは、育てられるスタイリスト自身が、「200万円スタイリストになる」気持ちがないときです。「スタイリストが月200万円売り上げるのは当たり前」という下地をつくるのと同時に、スタイリストたちに「自分も200万円スタイリストになりたい」という気持ちを持たせることが重要なのです。そのヒントは今回紹介した、まったく異なったキャラクターを活かして活躍している3人の店長が持つ共通点、「とにかくいつも元気で明るい」ところにあります。基本の「型」をとにかく真似る「守」の段階を経て、応用の「破」のステップに昇り、自分にしかないキャラクターを活かしながら「離」の段階で独り立ちしても、3人の中には岡本社長と同じ「スタッフの前ではいつも前向き、元気で明るい」という習慣が受け継がれています。スタッフたちは、そんなイキイキとした3人の店長の姿を見ることで、自然と「真似しよう」という気になるのです。これが『KOコーポレーション』で200万円スタイリストが続々と育っている秘訣なのです。

さて、この章では人を育てる「守・破・離」のプロセスをもとに、100万円の壁を超えさせる「破」のステップに焦点を当ててお伝えしました。ぜひ、イキイキと仕事をする姿をスタッフに見せながら、今回解説したメソッドに挑戦してみてください（※文中の「80万円」「100万円」「200万円」という数字は私たちが一般的な目安として使用する数値です）。

Chapter 20

<付録>

自分志向から店志向へ！キャリアシフトのための「評価制度づくり」

この章では、＜本編＞で解説してきた「キャリアシフト」に基づく店長力強化のバックボーンとなる「評価制度」について、解説していきます。具体的には、店長を「プレイヤー」としてではなく「店長」として評価する仕組み。言い換えると、業務の優先順位を反映した評価制度の考え方であり、その基準の軸となっている「定量評価」と「定性評価」について解説しています。また、キャリアに応じて評価基準をシフトさせていることが、「キャリアシフト」という発想をサポートしていることを、この章から読み取ってください。

CAREER SHIFT

最も大切なのは、店全体の売り上げに貢献した度合いを重視した評価制度

　ある美容室オーナーの方から、こんな質問をいただきました。
「"他人のために時間を使うのが店長の仕事"。確かにその通りだと思いますし、うちの店長ともよくそういうことを話したりします。ただ、現場では『他人のために時間を使う』わけにもいかない現実があるんです。もし、店長が自分の仕事を後輩に渡し、自分の時間を他人のために使うようにしていくと、店長の個人売り上げが下がってしまう。そうなると間違いなく給料も減ってしまいますよね？　自分の仕事を後輩に渡したりしていくことが、自分にとってはむしろマイナスになってしまうという店長の言い分も、一理あるんです。結局、店長としての役割を果たそうと思ったら、自分の売り上げを犠牲にしなくてはいけない。でも、それでは自分の給料は減ってしまう。その一方で、サロンとしてはやっぱり後輩育成に力を注いで欲しい。そんなジレンマがあるんです。店長のモチベーションを下げずに、スタッフ育成に力を注いでもらおうと思ったら、どのように言えばいいんでしょうか？」

●

　このオーナーがおっしゃるように、店長が、スタッフのために時間を使おうとして、自分のために使う時間が確保できなくなってしまい、自らのサロンワークに支障をきたしてしまう、というケースは十分考えられることです。

　他人の売り上げをつくってあげようとすると、自分の売り上げが減ってしまう――こういう話は、実際いろいろなサロンでよく聞かれます。例えば、後輩に売り上げをつけてあげるために、新規のお客様はすべて後輩のスタイリストに入客させる、というやり方をとっているサロン。このような場合、店長が担当するのは、指名で来店される固定のお客様だけ、ということになります。しかしながら、長いスパンでみたとき、固定のお客様とはいえ、転勤や引っ越しなどで徐々に流出していきます。そうすると、店長自身のお客様の数はしだいに目減りしていってしまいます。ただ、もはや新規のお客様に入るための枠は後輩スタイリストに譲っているので、なかなか挽回するチャンスがなかったりするわけです。

　また、指名客だけでもかなりのお客様がついている店長が、売り上げの伸び悩んでいる後輩スタイリストに売り上げをつけてあげようと、自分のお客様をそのスタイリストに譲ってあげたりする場合もあるでしょう。このようなケースでも、自分の売り上げを犠牲にする分、店長自身の給料は減ってしまいます。

　つまり、店長が「本来やるべき店長としての仕

事」をしたことで、かえって自分の給料が減ってしまう。かといって、自分の給料のために後輩に仕事を渡さないでいると、「うちはスタッフが育たない」「せっかくスタッフを雇っても、すぐに辞めてしまう」「サロンの売り上げの大半を店長に頼りきってしまっている。もし辞められたら…」──などといった、別の問題が起こってしまう…。

まるで袋小路に迷い込んだようですが、これはどこのサロンでもあり得る、他人事では済まない問題です。

●

このような相談をいただいた際に必ず、私たちはこんな質問をするようにしています。
「店長とスタイリストで、給与の違いをどのようにしていますか？」
これに対して、返ってくる答はほぼどこも同じです。
「店長には店長手当てを付けていますよ」
実はこの「店長手当て」に「店長としてやるべきことをしてもらえない大きな落とし穴」があるのです。

なぜ、店長は店長の役割を遂行しないのか？

上のようなオーナーの言葉にあるように、スタイリストとしての給与に店長手当てだけをつけた評価制度のもと、もし店長が"店長としての時間活用"として、他人のために時間を使うような仕事をしたらどうなるでしょうか？　おそらく大半の店長は、スタイリスト時代にもらっていた給与より下がってしまうでしょう。仮に下がらないまでも、店長からしてみれば「下がる可能性の方が高いのだから、とてもじゃないけど他人のために時間を使うことなんてできない」と思ってしまうでしょう。

「店長に昇進したのに給与は降格した」なんて、店長からすればあり得ない話です。間違いなく「それだったら私はスタイリストのままでよいです」と誰もが言うようになるでしょう。

先ほどの"大きな落とし穴"とは、**店長を「プレイヤー」としてではなく「店長」として評価する仕組みが確立されていない**ことに他なりません。

経営者が店長に対して望んでいるのは、後輩たちの技術やモチベーションを高め、サロン全体として売り上げを伸ばしていくこと。また大半の店長もそれを実践したいと思っています。しかし、いざ店長の評価制度を紐解いてみると、店長に求められる役割が、しっかりと評価制度に落ちていないケースが、いささか当たり前のようになっています。

たいていのサロンでは、店長の給与体系は、「スタイリストの給与体系＋店長手当て」という、

スタイリストとしての給与に店長手当てをつけただけの制度にすぎません。店長の仕事には、スタイリストとはまったく違う要素が求められるのに、給与体系はスタイリストの延長線上にすぎないかたちをとっているケースが、あまりにも多いのです。

自らの業務を「スタイリスト＋α」程度にしか考えられない店長。しかし、そのサロンにおける評価制度が「スタイリストの給与体系＋店長手当て」という、まさしく「スタイリスト＋α」の給与体系になっている、というわけです。経営者にとっては「店長なんだからスタイリストより給与を与えている」と考えて、このような給与体系をとられています。しかし、店長の言い分としては、「いくら店長としての手当てがもらえたとしても、自分個人の売り上げは伸びない。もちろん、スタイリストとしての給与も減ってしまう。結局、店長の業務を行ってしまったら、給与はそんなに増えないじゃないか」

これこそが経営者の意識と、店長の意識に大きなギャップを生んでいる原因であり、店長が店長としての役割を遂行しない、最大の理由なのです。

業務の優先順位を反映した評価制度づくり

では、店長の評価制度はどのようにしていけばよいのでしょうか？

ポイントは「アシスタント」「スタイリスト」「店長」といったクラスごとに、「何を業務の優先順位として捉えるか」を評価基準として反映させることです。

例えばアシスタントの段階で、サロンから求められていることはいったい何でしょうか？　しっかりとした挨拶ができること、スタイリストのフォローなどもありますが、何よりも求められているのは、「早く一人前のスタイリスト」になることです。したがって、アシスタントクラスの評価基準として、技術検定の合否に応じた検定給を導入されているケースも見られます。これは、そのサロンが考える、アシスタントの役割を、評価制度にしっかり反映させているのです。

また、スタイリストクラスに求められる要素とは一体何でしょう？　やはり、一定の技術を身につけて、入客ができるレベルになっていることだといえるでしょう。したがって、このクラスは個人売り上げを重視した評価制度になります。その個人売り上げを「主担当売り上げ」や「指名売り上げ」などに分けたり、1人のお客様を複数のスタイリストで担当した場合、その各々が担当した施術に応じて、売り上げを配分したりすることで、より経営者が評価したい項目に落とし込んだケースが一般的といえます。

では店長の給与は、アシスタントやスタイリストと同じような評価基準ではたしてよいのでしょうか？　アシスタントクラスの評価基準と異なるのは当然といえますが、たいていはスタイリストと同じ項目が導入されているのが現状です。

確かに、店長がスタイリストとして入客していれば、個人売り上げが発生するため、それを評価基準とするのも1つです。しかし、店長に対して求めるものが、個人志向ではなく店志向へス

タンスを切り替えてもらうことであるなら、その行動をもっと評価してあげることが重要なのは間違いありません。

「自分個人の売り上げよりも、店全体の売り上げを伸ばしたかどうか」を評価基準として考慮することで、店長は"給与が下がるかも"と不安を抱えることなしに、勇気を持って他人のために時間を使えるようになるのです。つまり、店長に対しては、店全体の売り上げに貢献した度合いを重視した評価制度が必要となってくるのです。

評価基準の2つの軸「定量評価」と「定性評価」

では、店全体の売り上げにどの程度貢献したかを、いったいどのような方法で評価すればよいのでしょうか?

例えば「スタッフのレッスンに遅くまでつき合うこと」や、「スタッフのモチベーションを高めること」も、店長として評価される要素です。また「サロン全体の売り上げ」や「サロン全体での再来率」などもその要素といえるでしょう。

これらの評価基準は、大きく2つに分かれます。わたしたちはそれらを"**定量評価**"と"**定性評価**"といっています。

一見、むずかしく聞こえるかもしれませんが、定量評価とは、店舗売り上げや再来率、すなわち「売り上げ〇〇万円」「再来率△△％」など、「結果が客観的な数値で評価できる要素」を指します。その反対に、スタッフのモチベーションアップやレッスンに遅くまでつき合うなど「結果が客観的な数値で評価できない項目」を定性評価といいます。

定量評価とは、仕事の結果が客観的な数字で表せるので、誰からみてもわかりやすい評価基準であるといえます。評価制度をつくるうえにおいても、ここは評価基準がわかりやすい部分です。例えば「店舗全体での再来率が昨年より〇〇％アップしたら店長歩合として〇万円」といった基準づくりができます。

店長に対する評価制度においては、店舗売り上げを評価基準として反映させることが重要です。その場合、単純に「店舗全体の売り上げ」とするよりも「スタッフ1人当たりの売り上げ」を評価基準として導入するのもよいでしょう。なぜなら、店舗全体の売り上げが、必ずしも店長としてのマネジメント能力と関係のないところで決まってしまうケースもあるからです。例えば、指

名客をたくさん持っている100万スタイリストが結婚して退職したら、店舗全体の売り上げはたいていの場合は下がってしまいます。それを一概に"店長の仕事がおろそかだったから"と言い切れるものでしょうか。現実は、女性が多い業界でもあるため、こういったケースは必ずしも珍しくないのですが、それを店長の責任としてしまうことはちょっと気の毒に思えます。このように店長の能力以外の偶発的な要素が、評価の対象とならないように、評価基準の設定は慎重に行う必要があります。

「100万スタイリストの結婚退職」といったような、店長にとっては不可抗力といえる要素を極力排除した評価基準の一例が、先ほどふれた「スタッフ1人当たりの売り上げ」です。

先ほどの例などでも、店舗売り上げを確保するよりも、1人当たりの売り上げを確保するほうが、店長からすると具体的なアクションを起こしやすくなります。100万スタイリストが退職しても、他のスタイリストがお客様を引き継ぐことで、スタッフ1人当たりの売り上げを維持し、高めていくことができるからです。

このように、定量評価は、「誰がみても評価基準が一定でわかりやすい」という要素がある一方で、店長のマネジメント能力と関係のない不確実な要素は極力排除しておく必要があるでしょう。

●

数字で測ることができる「定量評価」に対して、例えば「スタッフとのコミュニケーションを深めること」や「スタッフの技術力を向上させること」など、数字で必ずしも測ることができない「定性評価」は、誰でもわかる基準づくりは困難です。例えば、スタッフのモチベーションのレベルを、誰が見てもわかるよう数値化して基準をつくるというのは、非常に困難が伴います。仮に何とか数値化できたとしても、おそらくそれを店長が理解して、具体的な行動を起こすことはむずかしいはずです。

では、一体この定性評価を導入するうえで大切なこととは何でしょうか？　まずは、サロンとして店長に求めることは何か、という「評価の軸」を定め、それに合わせて具体的な評価項目を策定していくことです。

例えば、「店長には、スタッフに対して基本的なマナーを徹底させて欲しい」ということを求めているサロンであれば、「スタッフに社会人としての基本的なビジネスマナーを徹底できているか」といった評価項目を設けます。

あるいは、「店長にはもっと後輩たちとコミュニケーションをとって欲しい」ということであれば、「自店のスタッフと個別でコミュニケーションをとり、相談に乗り、意見を吸い上げることができているか」といった評価項目が挙げられるでしょう。

このように、自店が店長に対して求める役割は何か、という自店なりの基準を明確にすることが、定性評価づくりの第1ステップ。そして、それをより具体的な実行項目としてリストアップし、各評価項目の重要度に応じて配点を決めるのが第2ステップです。

図　イメージモデル

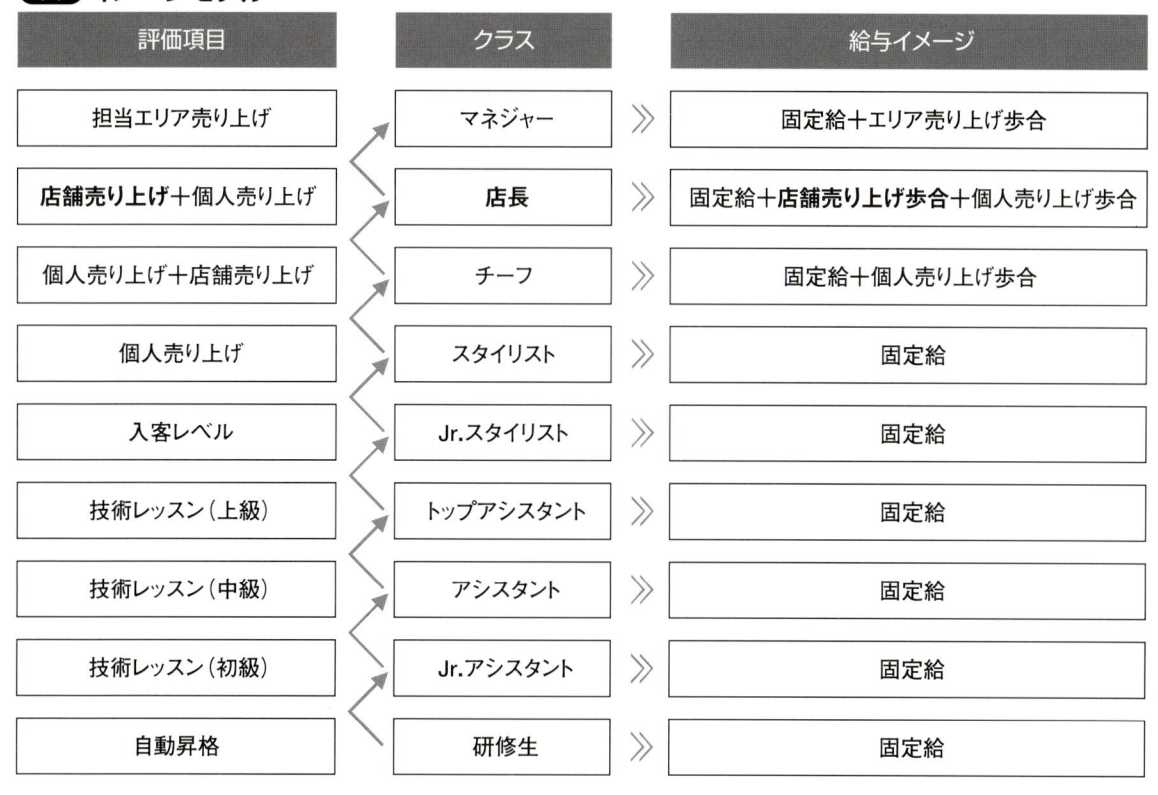

評価項目	クラス	給与イメージ
担当エリア売り上げ	マネジャー	固定給＋エリア売り上げ歩合
店舗売り上げ＋個人売り上げ	**店長**	固定給＋**店舗売り上げ歩合＋個人売り上げ歩合**
個人売り上げ＋店舗売り上げ	チーフ	固定給＋個人売り上げ歩合
個人売り上げ	スタイリスト	固定給
入客レベル	Jr.スタイリスト	固定給
技術レッスン（上級）	トップアシスタント	固定給
技術レッスン（中級）	アシスタント	固定給
技術レッスン（初級）	Jr.アシスタント	固定給
自動昇格	研修生	固定給

　例えば、マナーや躾（しつけ）を重んじるサロンであれば、先ほど取り上げた「ビジネスマナー」の評価項目に対する配点は高くなりますし、それよりも「スタッフとの密なコミュニケーション」を重視する場合は、こちらにさらに高い配点をつけます。

　店長の場合は、サロンとして店長に求める役割を、いくつかの評価項目として挙げ、それぞれの相対的な重要度に応じてウエイトづけをすることで、より精度の高い評価基準ができます。ただ、このような定性評価は、店長に限らず、「スタイリスト」「アシスタント」の各クラスに応じて、異なる評価項目を設定する必要があります。その理由は、サロンとして、それぞれのクラスに求める役割が異なるからです。そして、数字だけでなくそれらの評価項目の一定水準をクリアして初めて、上のクラスへランクアップすることで、数字だけでスタッフを判断しない、いわば「人間的な要素」も加味した評価制度ができあがります。

キャリアに応じた評価基準のシフトが、キャリアシフトをサポートする

　このように「定性評価」とは、数字には決して現れない要素を項目化することで、評価に反映させる方法です。プレイヤーからリーダーへのキャリアシフトを実現するに当たっては、この「定性評価」での評価が非常に大きな意味合いを持ちます。プレイヤーになったばかりの頃は、自分の数字だけ追いかけていればよかったかもしれません。しかし、ある程度経験を積んで、後輩が増えてきたときに、やはり後輩育成にも力を注いで欲しいもの。そのような際、スタイリストとしての次の目標として3章でご紹介したのが、「チーフ」というポジションです。「チーフ」とは、リーダーと若いスタッフとの潤滑油として、リーダ

スタイリスト時代	「スタイリストとしての定量評価＋スタイリストとしての定性評価」
チーフ時代	「スタイリストとしての定量評価＋リーダーとしての定性評価」
店長時代	「店長としての定量評価＋店長としての定性評価」

ーのサポートを行う一方で、若いスタッフの指導を行い、リーダーシップを培っていく立場であるということは、＜本編＞で触れた通りです。この「チーフ」は、スタイリストから店長への橋渡し的なポジションであるため、スタイリストとしての売り上げが評価される一方で、定性的には店長に求められるような「リーダー的要素」を加味した評価項目を採り入れて、評価を行っています。

つまり、スタイリスト時代から店長になるまでに、評価基準は、キャリアに応じて以上のようにシフトするわけです。

キャリアに応じて、評価基準を少しずつ「自分志向」から「店志向」へシフトさせていくこと。そこでは、リーダーが「他人のために時間を使うこと」を納得して実行できるかどうかが必ず問われます。サロンがリーダーに対して、「他人のために時間を使うこと」を求めるのであれば、リーダーが自らの売り上げを削ってでも後輩の成長をサポートすることに対する「納得感」のある評価制度づくりがカギであるといえるでしょう。

MEMO

〈まとめとして〉

逃げない心が成長の糧となる！あえて修羅場に身を投げよ！

あえて最後に質問します。「結局のところ、店長にいちばん求められる資質って何だと思いますか？」その答はズバリ、**「逃げない心を持つ」**ことです。

これまでの章で、店長に必要な能力、資質についていろいろとお話してきました。問題発見能力しかり、コミュニケーション能力しかり、どれもこれも店長に必要な能力です。しかし、こうした能力は「逃げ」の姿勢がある限りは十分に機能しません。「逃げない心」は店長に求められる能力すべての土台となるものなのです。

具体的にお話しましょう。

例えば「問題発見能力」。私たちは支援先サロンを時折、覆面調査をすることがあります。「長所伸展」が私たちの大原則ですから、サロンのあら探しをするようなことはしませんが、それでも「ココだけは直したほうがいい」という点を指摘することはあります。そんなとき、ときどき見られるのは「私はそれには気がついてました」という店長。「そんなこと言われなくてもわかってる」とでも言いたいのでしょうが、ハッキリ言ってこういう店長は最低です。「気づいていた」のに「見て見ぬ振りをした」わけですから。まだ、まったく気づかなかった店長の方がマシでしょう。せっかく問題に気づく力を持っていても、「逃げ」の気持ちがあれば、改善されず放置されたまま。何の役にも立たないわけです。

「コミュニケーション能力」についても同じです。店長といえども人間。自店のスタッフの中には、話しやすいスタッフもいれば、何かとっつきにくいスタッフもいるでしょう。でも、こうしたスタッフとのコミュニケーションから逃げてはいけません。苦手かもしれませんが、苦手のまま放置すれば、そのスタッフはあなた、そしてサロンから離れていくでしょうし、そういう状況を目の当たりにした他のスタッフの気持ちもまた、あなたから離れていきます。苦手だからこそ、あえてコミュニケーションをとっていく──そんな姿勢が大切なのです。

〈本編〉9章に登場した『MASHU』の「KITA-HORIE」店の前田店長の話の中で、給料を渡すときにスタッフ一人ひとりへの手紙を書く中で、なかなか書くことを思いつかないスタッフについては翌月徹底的にそのスタッフを観察して、理解を深めるという話がありました。決して逃

げずに、スタッフ一人ひとりと向き合っている好例だと思います。こうした姿勢がスタッフからの信頼を集め、なおかつ自らの成長を促しているのです。

矛盾こそ成長のきっかけである

　そうは言っても、逃げたくなるときもあるでしょう。なぜならサロンという現場では、実にいろいろなことが起こるからです。

　アシスタントの失態でお客様からの叱責を受ける。ひどい場合には菓子折りを持って謝りに行く。でも、この程度のことはあり得る範囲内でしょう。部下の失敗であっても、店長がサロンの責任者である以上は、それも店長の責任。お客様から怒られ、落ち込みはするでしょうが、身から出た錆としてまだ受け入れられると思います。

　問題は、もっと理不尽で不可抗力としかいいようのないケースです。

　例えば、あなたが極めて真面目な店長で、まかされたサロンを自分の思い描くかたちに近づけようと理想に燃え、日々の仕事をこなしていたとします。そして努力が実り、スタッフも育って、ある程度理想のかたちに近づいたかなと思っていた頃、急に新店の話が持ち上がり、最も目をかけていたスタッフが新店メンバーとして抜擢される…よくある話ですね。

　こんなケースもあります。店長として、部下のスタイリストを成長させようと、自分のお客様を回すことがあるかと思いますが、そうなると当然、店長自身のスタイリストとしての売り上げはダウンします。店長はプレイングマネジャーであり、単なるスタイリスト、単なるプレイヤーではありませんから、自分がホームランを打たなくても、チームが勝てばそれでいいはず。それなのにフタを開けてみれば、個人売り上げが下がったために、なぜか給料が店長になる前より低くなる——これもあり得る話です。

　いずれも店長自身にはまったく非のない話です。「人を育てろと言われて、自分の時間を削って教育に力を注いだのに、こんな仕打ちかよ」
　————そう思うのも無理ありません。
　ですが、見方によっては理不尽とも言えるこうした状況においても、店長は逃げてはいけません。この「逃げない」というのは前向きに現実を受け入れるということです。

●

　なぜでしょうか？
　お客様を受け入れるにせよ、スタッフを育てるにせよ、サロンがうまくいくかどうかは、結局のところ店長の人間としての「器」に左右されます。そしてその「器」は過去の考えや方法では解決できないことを真摯に受け止め、前向きに解決していくことによってのみ大きくなるものなのです。逃げていては、力はつかないのです。

　みなさんの中にはオーナーを尊敬しているという方も多いと思います。経営者というのは、いよいようまくいかなくなったら、破産するしかない存在。どんなことが起こっても逃げられません。だから悩み、成長するのです。みなさんの尊敬するオーナーも生まれたときから今のよ

うな器の大きさを持っていたわけではなく、経営者という決して逃げられない立場がその器をつくったのです。その意味では「器」を大きくするためには、あえて修羅場に飛び込むくらいの覚悟が必要なのです。

　何も落ち度がないのに窮地に立たされる、そんな矛盾ともいえる状況において、くさったり他人を非難したりしても、何も生まれません。あえてその矛盾を受け入れ、前向きにかつ臨機応変に対応策を考える姿勢が「器」をつくります。矛盾こそ成長のきっかけなのです。

時流に乗れるかどうかは店長の「器」次第

　実際に今の傾向として、ますますサロンの現場では、店長に「器」が求められるようになっています。

　例えば、サロンの忙しいときと暇なときの差が年々広がっていると感じていませんか？　全国的にこうした傾向が顕著に見られるのですが、その要因の1つはお客様の「時間」に対する考え方の変化。少し前ならお盆前や12月などのいわゆる繁忙期には1か月前とか、遅くても2週間前には予約が埋まっていたと思います。つまり、お客様も早めに予約を入れてきたわけですが、今のお客様はそういう先の予約で自分の時間が縛られることを嫌います。極端に言えば、髪を切りたくなったら今日の今日でも対応してくれるサロンに行きたい——そういうお客様が増えているのです。結果、計画的な店舗運営を行うことが難しくなっています。マーフィーの法則ではありませんが、暇なときは暇なのに、スタッフが少なく忙しいときに限って、信じられないくらい新規客がバンバン押し寄せる、そんなことが多くなって、客数が欲しいと日頃言っているのになぜか追い返す。やりきれませんね。

　計画的な運営が困難になった昨今、求められるのはひと言で言ってしまえば、現場の臨機応変な対応のみです。突発的な事象への対応ですから、本部でなかなか対応しづらいことですし、かといって最高に忙しくなったときのことだけ考えて人員配置するわけにもいきません。

　また、臨機応変と口で言うのは簡単ですが、実際は大変。オーバーキャパ（限界を超えること）を怖れ過ぎれば、断り続けなければならないし、かといって本当にキャパ以上に客数を入れればクレームの嵐。でも、一般的な傾向として「器」の大きな店長はそういうとき、アンダーキャパではなくオーバーキャパ気味にお客様を入れる傾向があります。人間、暇にはすぐ慣れますが、忙しさに慣れるには時間がかかります。スタッフの成長を考えれば、少しずつキャパを広げ、その都度これまでの限界を超えさせることを考えなければなりません。「何かあったらすべて私が責任を取る」——そういうスタンスでスタッフとサロンのキャパを上げていくのが力のある店長です。

　もちろん、ただイケイケでもダメ。結局、「店がうまく回る」というのは正しい判断の積み重ねなのです。常に問題に対して逃げないで対峙し、修羅場を踏んで店長としての「器」を大きくすれ

ばするほど判断力もまた磨かれます。

「逃げるな！ 店長！」

　これがこのまとめの章で、いやこの本すべてを通じて、私が最も伝えたいメッセージです。

人を好きになる力を磨け（興味、Like）

　さらにもう1点だけ、店長に必要な資質を加えるとすれば、それは「人を好きになる力」だと思います。

　私自身もそうですが、ほとんどの人はこれまで出会った上司の影響を強く受けています。店長である以上、何人かの部下がいるわけで、必然的に多くの人の人生に何らかの影響を与えます。店長を引き受けた段階で一人ひとりのスタッフの人生により深く関わっていく必要があるのです。

　私の長年の支援先の女性オーナーの話をします。

　彼女はいわゆる2代目オーナー。強烈なカリスマ性を持つ先代の下で、店を続けてきたわけですが、美容師としては決してエリートでも優秀でもありませんでした。店長時代も時折感情が先走り、スタッフや身内に当たることもしばしばありました。ですが、先代からバトンタッチされ、オーナーとしてむずかしい人事の問題に対して逃げずに対峙していく中で彼女自身が大きく成長し、長年勤務するスタッフの思いやりがあって働きやすいサロンをつくり上げました。

　むずかしい問題に対して逃げなかった姿勢が今の彼女をつくったことは言うまでもないですが、もう1つ彼女のすばらしい点は「本当に人が好き」ということです。どんなに強い逃げない心を持っていても、スタッフが好きでなければ、やっぱりスタッフは辞めていきます。ついていけないからです。

　繰り返しになりますが、店長と言うのは人の人生に影響を与える立場です。任されたスタッフから逃げずに、彼らを好きになる力を磨きましょう。

比護 太

BK selection vol.2

キャリアシフトで強くなる──
店 長 の 仕 事

Art Director	下井英二（HOT ART）
Designer	原田里美（HOT ART）
Illustrator	江口修平
Editor	月刊『美容と経営』編集部
	安斎明定

定価3,990円（本体3,800円）検印省略
2008年2月6日　第1版発行

著　者	ビューティサロン活性化プロジェクトチーム
監　修	比護　太（株式会社船井総合研究所　執行役員）
発行者	長尾明美
発行所	新美容出版株式会社
	〒106-0031　東京都港区西麻布1-11-12
	編集部　TEL：03-5770-7021
	販売部　TEL：03-5770-1201　FAX：03-5770-1228
	http://www.shinbiyo.com
	振替　00170-1-50321
印刷・製本	太陽印刷工業株式会社

©SHINBIYO SHUPPAN Co;Ltd.　Printed in Japan 2008